U0918701

掘金小程序

5G时代小程序开发、营销、运营一本通

魏源　张恒 ◎ 著

机械工业出版社
CHINA MACHINE PRESS

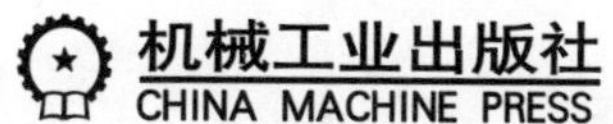

5G时代来了！5G是大数据时代由一种质态向另一种质态的转变，是全面、多领域的变革。如果说4G时代的微信公众号颠覆了媒体和内容生态，那5G时代的小程序才真正有能力颠覆App生态。这也意味着5G时代，小程序的流量红利将迎来爆发期！

本书从小程序的概念、优势、颠覆性意义、发展趋势以及如何开发、营销及运营推广等方面对小程序做了全面而深入的解读，旨在帮助创业者、商家、投资者迅速掘金小程序风口，分享市场红利。

图书在版编目（CIP）数据

掘金小程序：5G时代小程序开发、营销、运营一本通／魏源，张恒著. —北京：机械工业出版社，2019.7

ISBN 978-7-111-63098-2

Ⅰ.①掘… Ⅱ.①魏… ②张… Ⅲ.①网络营销 Ⅳ.①F713.365.2

中国版本图书馆CIP数据核字（2019）第128944号

机械工业出版社（北京市百万庄大街22号 邮政编码100037）
策划编辑：刘怡丹 责任编辑：刘怡丹
责任校对：李 伟 责任印制：孙 炜
天津翔远印刷有限公司印刷

2019年7月第1版第1次印刷
170mm×242mm · 15.5印张 · 1插页 · 186千字
标准书号：ISBN 978-7-111-63098-2
定价：59.00元

电话服务
客服电话：010-88361066
010-88379833
010-68326294

网络服务
机 工 官 网：www.cmpbook.com
机 工 官 博：weibo.com/cmp1952
金 书 网：www.golden-book.com
机工教育服务网：www.cmpedu.com

前言

2019年4月，根据QuestMobile发布的《中国移动互联网2019春季大报告》中的数据显示："我国的移动互联网用户月活跃规模达到了11.38亿，用户人均单日使用时长接近6个小时，用户月人均使用10.2个微信小程序，同比增长了2.9%。"由此可见，小程序的发展正处在风口上。

雷军曾说过："站在风口，猪都能飞上天。"在小程序的风口上，企业商家和创业者可以迅速积累大量财富。

有人预估，到2020年，小程序将突破1400万个，使用用户也将超过8.5亿。巨大的流量，能够给企业商家和创业者带来更多的机遇。尤其是对于电商行业，小程序的横空出世，给企业商家提供了一条新的客源渠道。

有数据显示，在2018年"618"活动期间，京东利用小程序渠道增加了40%的分享率。小程序上的新客数量同比增长了17倍，京东拼购的下单量同比增长了24倍。唯品会利用小程序获取新客的数量环比增长更是超过了500%。

在2017年"双十一"活动期间，蘑菇街通过小程序的新客成交比是App的4.2倍；小程序内的用户成交率比App高16.1个百分点；小程序内用户的购买速度是App的2.28倍；在小程序内直播达到的销售额是平日的28.57倍，而且很多直播间的重复购买率高达90%。

创业达人于小戈，更是利用小程序在2017年"双十一"活动期间取得了两千多万的销售额，用户的复购率达到了47%以上。

由此可见，小程序的拉新和营销能力是多么强大。除此之外，小程序在很多行业都能发光发热，比如说社交类的小程序“匿名聊聊”，上线仅5个小时就获得了1700万的页面浏览量；工具类的小程序“群应用”，拥有千万用户，月活跃用户数超过百万……

随着5G时代的脚步越来越近，小程序不断改革，更新迭代之下，功能增加到了100多项，开放入口达到了60多种，包括用户分享、跳转、附近的小程序等多个重量级的入口。

这就意味着，小程序能够完美地将线上和线下结合在一起，为线下实体店带来更多线上流量。

举个例子，线下实体店可以开放“附近的小程序”功能，用户只要搜索关键词，就能搜索到店铺，因为距离近，就会促使用户到店完成交易。又比如，很多商超会开发线上购物小程序，并且将线上线下价格统一，用户只要在线购物，2小时内即可配送到家；用户还可以选择配送时间，不会再发生“无人收货”的窘境。用户购物期间节约了大量的时间成本，就会越来越倾向于使用小程序。

随着互联网的发展，移动应用的增长空间越来越小。正处在蓝海的小程序，恰好可以解决这个问题。它“无需下载，即用即走”的优势，能够为企业商家和创业者带来大量的流量。很多商业巨头，如微信、百度和阿里巴巴都看到了小程序的发展潜力，纷纷打造属于自己的小程序生态圈。

在风口上，从来不缺少创业者。如果你想要创业或者是想要进一步拓展客源，那么就一定要抓住小程序的红利期。你可以利用手中大量的线下商户资源或者想出更好的小程序创意，去细化运营，将更多的流量引到自己的小程序中。

当然，创业者不能仅凭激情和冲动去盲目开发小程序，要学会规划，明确自己的产品定位；要学会利用已有的成熟的小程序生态产品和运营体系，引流商业巨头的流量。在这个过程中，你可以不断学习他人成功的经验和技术，优化完善自己的小程序，延长其在风口中的生命周期。

本书共分为八章，全面而深入地介绍了小程序的内容、5G 时代下小程序的红利、小程序的发展机遇以及小程序的各种营销理论和引流方案等，并重点解析了小程序将在 5G 时代迎来爆发，创业者以及商家该如何把握这波掘金机会，快速变现。

本书的亮点在于内容方面由浅入深，每个重要环节都通过插图、案例进行演示，能够帮助运营者在小程序的设计、界面、营销方式等环节得到启发，可以为运营者在开发小程序的过程中提供更多实战技巧和经验。

5G 时代，小程序可以给移动互联网带来无限的想象力和影响力。所以，企业商家和创业者要尽快掌握这些能力，迅速提升小程序的沉淀用户数量和产品价值，为自身小程序的发展壮大抢得先机。

目录

Contents

第三章
掘金风口：
小程序给创业者带来的机会 053

第四章
手把手教你制作一款获利的小程序 075

第五章
营销理论太复杂，懂得这些就够了 099

第六章
疯狂吸粉引流，小程序百万访问量的秘密 143

Contents

第一章

小程序到底是什么

1.1 小程序的诞生，颠覆一个时代就这么容易

2016年12月28日，腾讯高级副总裁、微信之父张小龙在广州亚运城综合体育馆举办了以“下一站”为主题的2017微信公开课PRO版，主要向大家讲述了微信小程序的研发情况和核心功能，如图1-1。

图1-1

2017年1月9日，微信小程序正式上线。张小龙当天发表了朋友圈，简单地写下“2007.1.9”，配图是iPhone发布会的现场照片。

十年前的同一天，乔布斯发布了初代iPhone。十年后的2017年，张小龙选择在同一天上线微信小程序，一方面可能是他在缅怀乔布斯，另一方面是他对小程序寄予厚望，希望微信可以像苹果一样改变世界。

早在2016年1月9日，张小龙就启动了微信小程序的开发。他的团

队认为，微信不应该只是停留在订阅号或是公众号层面，不应该只拥有订阅和推送的能力，而是应该提供一种集成应用程序的能力。在最初的Demo做出来后，张小龙决定跳开公众号，去做一种新的应用形态，同时也可以改变App的存在方式。

演讲中，张小龙讲到了小程序的特点：无需安装、触手可及、用完即走、无需卸载。在这样的设定下，小程序看起来更像是程序，但是完全不同于过去App的出现形式，而是有着更加灵活的组织形态。

1. 无需安装

这个设计能够避免小程序像PC软件或是手机App那样占用太多系统空间，利用轻量化的设计，用户并不需要下载和安装就能使用，所以使用时会特别轻松和便捷，这是小程序最基础的特性。

2. 触手可及

这是张小龙在阅读比尔·盖茨写的《信息唾手可得》时感悟到的产品理念，他希望小程序能够实现智能化，比如说，利用小程序来控制台灯的开关；在博物馆中扫描二维码就可以得知藏品的详细信息等。

3. 用完即走

最能体现这个理念的地方就是餐厅，用户可以扫描餐厅的二维码打开小程序，然后进行排队或是点餐。当用户吃完饭后，并不需要再去考虑餐厅的小程序，这是一种真正不会影响用户的后续设计。

4. 无需卸载

张小龙设计了小程序的程序管理器，用户访问结束后，对应的小程序就会自动收入到微信中，并不需要用户进行卸载。微信小程序的推出，相当于用户的手机中拥有了成百上千个App。

小程序的定位是：体验比网站好，比下载 App 更便捷。张小龙在设计之初就认为，小程序并不应该像普通软件那样布满广告供用户订阅，然后进行推送，而应该是像网页一样，立即向用户展现服务内容。但是众所周知，网站的内容和功能非常单一，用户体验往往都不尽如人意。

至于用户体验最好的 App，也有一些弊端。以往的 App 发布者会通过推广让用户下载他们的 App，但事实上，越来越多的用户每天只是使用几个 App，而不愿意去下载或是使用其他的 App。从这个角度看，App 并不可能拥有像网站一样的超高访问量，使用时还需要安装和更新，这也是阻碍 App 发展的原因。

张小龙认为，如果从用户的角度来看，即时服务才是他们最需要的，所以微信团队在最初为了平衡网站和 App 的优缺点，建立了微信公众号平台。

但是很快张小龙就发现，公众号无法将餐厅、超市、宾馆这样的服务纳入其中，这也成为公众号最大的缺陷。公众号最初是基于订阅人数和推送来进行设定的，所以在实现 App 的功能方面非常不方便，微信似乎缺少了一种有效的载体，这便是微信小程序诞生的原因，它可以弥补公众号的不足。

有一次，张小龙在深圳机场发现，路边的广告牌有 80% 的广告都是微信公众号的二维码，而用户在访问公众号后，还需要再次下载新的软件或是跳转到新的网页，才能够访问公众号所提供的服务。这个设计让张小龙不太高兴，他认为用户很多时候不但无法直接得到公众号的服务，反而还要承受它的消息推送，这是非常不合理的。

基于上面的原因，张小龙认为，小程序需要吸取网站和 App 各自的优点，不仅能实现快捷的网站访问速度，而且还能实现 App 的功能。这其实也正是微信之父张小龙的“极简主义”，他不追求轰动效应，只追求简单实用，不增加用户使用负担。

相比于很多 App 越来越卡顿和越来越复杂的操作界面，微信小程序坚持了极简主义的风格，仅将最为实用的功能保留下来，并不希望用户产生黏性，这样可以满足绝大多数低频用户的基本需求，同时还可以避免无谓的功能干扰。

两年多来，微信小程序发展十分迅速，小程序的数量和用户人数非常多。根据 2019 年 3 月 27 日酷客多发布的《2019 小程序电商行业生态研究报告》显示，截至 2019 年 1 月，微信小程序数量已经超过 230 万，每日活跃人数超过 2 亿，这也是张小龙和他的设计理念获得成功的最好证明。

1.2 小程序的起源和概念

2016 年 1 月 11 日，张小龙在广州举办“2016 微信公开课 PRO 版”时表示，微信团队计划开发“应用号”，这便是微信小程序最初的雏形。天奇阿米巴基金投资合伙人魏武挥则认为，做应用号，微信已经隐隐显出了它在未来成为一个 OS 的野心。

OS 是一种连接一切的底层，比如 PC 里的 Windows、智能手机里的苹果 iOS 和谷歌 Android。区别在于，Windows、iOS 和 Android 都基于硬件，而微信应用号瞄准数据，目的也是连接一切。

公众号面世后，在微信中展现的成效和传播速度都非常好，但是微信团队发现：越来越多的创业公司制作的第一个产品就是建立自己的微信公众号，而不是去开发一款新的 App，根本的原因就是 App 的开发和推广成本太高。

事实上，如果想要开发一款 App，不仅需要 iOS 团队，还需要 Android 团队，还需要购买服务器。对于创业者来说，招聘一个较强的技术团队本身就不容易，更别提后续对 App 的更新了。倘若费尽心力推出的 App 没有被用户接受，那么前面的所有投资都将付之东流。所以对于很多创业公司来说，往往是“望 App 而却步”。

张小龙曾说过：“我们的本意并不是要做成一个只是传播内容的平台，我们一直说我们是要做一个提供服务的平台”。微信团队为了实现这个目标，曾经仿照公众号推出了服务号供企业使用。

2014 年开始，微信上涌现了以悟空理财为代表的一批“微信 + 金融”的服务号典范，他们将重点放在服务号与粉丝的互动上，让服务号成为企业与用户之间共同的垂直社区。

但是后续几年，服务号的成效并不明显，很多的用户并不愿意主动使用。张小龙也提到，大量的服务号打开率明显下降，比如使用人数已经从总用户数的 20% 下降到 8%。导致服务号衰落的根本原因是它能够实现的功能非常有限，难以像 App 一样满足用户的需求。

从用户的角度来看，每次更换一部手机，曾经的 App 就需要重装。有时候用户需要找某一个功能，还需要将之前卸载的 App 重新安装，这就导致 App 的重复安装率非常高。微信团队之前在微信钱包里加入火车票插件，就是针对这种低频需求设计的功能。

根据用户对应用的这些需求，张小龙在演讲中表示，他希望存在一种新的微信公众号的形态，在这种形态下，用户关注了一个公众号，就像安装了一款 App 一样，用户在浏览公众号的时候就像使用 App 一样。同时这个公众号平时不会向用户发送消息，就像 App 一样安静地待在那里，等用户需要的时候才会打开它。

很早之前，腾讯就已经在微信的内核当中加入了 X5 技术，而 X5 的核心就是利用移动互联网的H5技术应用，从而更好地在微信生态圈内实现App的功用。

同时，微信官方已经通过一级菜单和微信钱包的二级菜单试验了很长时间的内嵌式原生类App，技术层面上基本已经非常成熟，在微信生态圈内实现轻量App在技术上已经不是问题。

微信团队将这种新形态的公众号命名为“应用号”，张小龙希望它可以尝试让更多App以更加轻量、但又更好使用的形态存在于微信当中。应用号将从功能、二次开发的门槛上对公众号进行改造，摆脱App开发维护、渠道分发的高成本和高门槛，形成生态化的微信平台操作方式。

从另一个角度看，2016年的移动支付中，阿里巴巴的支付宝对微信支付有很强的压制性，张小龙也希望通过开启“应用号”来占领一部分App开发商和分发渠道，这样微信支付才能与背靠淘宝的支付宝抗衡。

2016年9月22日晚间，微信官方开始向200个微信公众号发出了“应用号”的内测邀请。那时应用号能够实现的核心功能是提供一些本地的api来供H5上面的js调用，这样可以提升应用的流畅度。

同时，微信也向这些内测开发者提供了视图容器（视图、滚动视图、Swiper）、基础内容（图标、文本、进度条）、表单组件（按钮、表单）、操作反馈、媒体组件、地图位置定位、设备（网络状态、系统信息、重力感应、罗盘）、界面（导航条、动画、绘图）等服务支撑应用。除此之外，应用号还向开发者开放了如登录、签名加密、用户信息、微信支付、模板消息等关键的微信接口。

应用号内测后，受到了创业者们的肯定。应用号有着非常低廉的开发成本和快速传播的特点，创业者可以很快将自己的产品进行线上市场推广，如果效果不好也可以用较少的付出对其进行改良，即使是重新打造一款新的应用号也并不需要太多时间。相较于开发App，微信的应用号让创业者承担的风险更少，同时借助微信的用户量，创业者也容易拓展更多用户。

1.3 你能想到的只有微信小程序吗

微信小程序自 2017 年 1 月上线后，发展十分迅速，目前用户规模已经超过 6 亿。相信有很多微信用户最开始接触到的微信小程序就是“跳一跳”，如图 1－2。

图 1－2

在“跳一跳”小程序出现后，微信又陆续推出了更多爆款小程序，比较出名的有“损友圈”和“欢乐球球”小游戏，这些都是与好友相爱相杀的休闲社交游戏，一键操作，轻松爽快，如图 1－3 分别是小程序“损友圈”和“欢乐球球”的主页面。

图 1－3

如今谁的手机上没有微信？谁的微信上没有几个常用的小程序？这直接导致，说起小程序很多人都以为只有微信小程序，或者说小程序只有微信才有。

事实上，小程序的战场上可不止微信一家。支付宝在2017年9月开始进行小程序公测，并在一年后正式上线。百度的智能小程序则在2018年7月对外开放。同年11月，今日头条也加入了战局，宣布推出自己的小程序。随着巨头们相继入场，小程序的竞争日趋白热化。

早在2014年，百度就曾经推出“轻应用”，但是并没有收到显著的成效。随后支付宝也尝试推出了“生活号”将线下场景和品牌连接，但也未曾造成太大的影响力。

微信小程序在2年3个月内就成为拥有1000亿GMV㊀的社交电商平台，这对于最擅长电商经营的阿里巴巴而言无疑是非常大的挑战，很多商家也都跟风加入小程序。阿里巴巴为了经营好支付宝小程序，采取的做法与2016年仓促上线社交功能时完全不同，蚂蚁金服首先对支付宝小程序进行了为期一年的内测。起初只对部分企业开放，然后逐渐进行公测，显然支付宝小程序的前进步伐非常稳健。

相较于微信和支付宝，百度推出小程序的时间比较晚。在发布时，百度强调自己“开放”的理念，他们希望百度小程序能够连接所有的平台和系统，开发者经过一次开发就可以在多端运行。百度小程序的问世，可以说是百度争取流量的一次努力尝试，希望可以从以娱乐流量为主的腾讯和以电商流量为主的阿里巴巴手中抢占一些用户群体，并在未来打造自己的百度生态圈。

掌握巨大流量的字节跳动（今日头条母公司），也在2018年8月开始

㊀ GMV：Gross Merchandise Volume，是成交总额（一定时间段内）的意思。

进行小程序内测，并计划上线一款小游戏来步入娱乐应用市场。相对于之前的几家互联网巨头，今日头条的优势在于用户的使用市场和活跃度，头条凭借1.2亿用户每天平均使用74分钟的流量，拥有着超越其他小程序的潜力。

各大平台百花齐放，为小程序带来更多的活力，蓝海变成红海，不仅能为用户带来更多的便利与新的体验，更多的功能也能够被开发者利用，为其带来真正的红利。

1.4 小程序的特点

目前微信小程序在美食、购物、出行、酒店、教育、生活、医疗、金融、公共服务等众多行业都有一定的影响力，对传统App也有很大的冲击，迫使很多企业放弃了“客户端第一”的想法，转而将技术和资金投入到微信小程序。

营销方面，微信小程序让推广过程变得简单，依托于微信的生态体系，商家可以利用微信自带的流量迅速提升品牌的知名度，获取更多的客户。同时，小程序免安装的策略也可以满足更多群体的使用要求，更容易被用户接受。除此之外，风靡一时的小程序还有哪些特点呢？

1. 覆盖范围广

自从2017年1月9日微信小程序问世以来，如今官方公布的《个人/非个人主体小程序开放的服务类目》的条目越来越丰富。无论是公司还是个人，都可以快捷方便地找到自己计划经营的项目。

经过两年多的发展，小程序的使用界面进行了多次调整，最后将主要分类条目设定为20项，如图1-4。在这些大的分类中，有的类目小程序还会进一步细分，比如“美食”分为西餐、火锅、小吃快餐等；“购物”分为服饰箱包、图书音像、文化用品等；“生活服务”分为通讯服务、家政中心、信息咨询中心等。

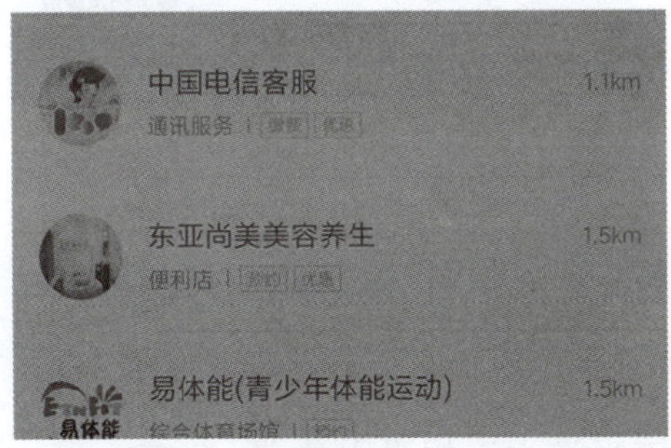

图1-4

2. 无需安装和卸载

微信小程序最大的特点就是即点即开，用户只需要扫描商家的二维码，就能够以浏览网页的形式使用，而且小程序可以简化为手机桌面的快捷图标，不会像其他软件那样在手机后台占用内存和流量。

此外，用户也可以方便地利用小程序的分享功能直接将小程序转发给其他人，所以越来越多的人开始接受这种使用程序的新方式。随着小程序的大量普及，在未来几年内，将会有80%的App被取代。

3. 制作和维护成本低

对于很多大众创业者和线下零售商来说，选择利用微信小程序来经营和推广可以大大降低资金投入。

小程序的后台服务器不需要商家自己购买和搭建，可以省去运营维护的开销。在开发过程中，小程序类似于简易的网站开发，在小程序的官网已经有很多现成的模板可以套用，这比开发同款 App 能节省大量的成本。

4. 高效推广

微信小程序主页面的右上角有搜索按钮，可以让所有微信用户搜索到感兴趣的小程序，这个功能同时也让很多商家节省了推广成本，在微信用户这样的大流量帮助下，你的应用可以被全国的 10 亿微信使用者搜索到。

当小程序上线后，你可以申请免费开通“附近的小程序”的功能，让 5 公里范围内的微信用户都可以看到你的小程序。对很多实体经营店铺来说，这相当于免费向附近用户打广告。用户在查看附近的小程序时，排名根据距离远近生成，和品牌、店铺大小并没有关系，这对小型实体店来说非常公平，可以将更多的客户带到自己的店铺，如图 1－5。

图 1－5

5. 完美关联公众号

虽然小程序和微信公众号相互独立，但是商家可以将原有的公众号和新建立的小程序进行相互绑定，这样商家先前积攒的关注者也不会流失。

小程序利用微信支持付费经营的理念，可以使商家直接利用小程序获得收入。

“小程序＋公众号＋朋友圈”的经营方式分别对应着服务、内容和社交，正在被越来越多的自媒体利用，他们利用小程序设计物品导购的页面，用公众号来提供推广的文章，然后利用朋友圈向老用户进行传播。这种新颖的销售方案被称作“社交电商。”

6. 推送体验更好

小程序并不是独立的 App，各个小程序也不允许毫无节制地向用户发推送，这在很大程度上保证用户免受广告骚扰。

如果某款小程序你很久都没有使用，那么它就会安静地置于列表里，并不会频繁弹出推广。例如，当你利用小程序购买了商品后，你会收到订单成功与否的提示；当你订餐完成时，小程序会推送“需要取餐”的通知。所有小程序的历史通知位于微信主界面的“服务通知”中，如图 1－6。

图 1－6

7. 超越 App 的流畅

为了将程序最大程度地简化，小程序设定了网页访问的原理。这样的设计方式，可以将处理数据的位置放在小程序的后台，而不是用户的手机，这是以往所有 App 都无法做到的。

很多 App 曾经为了增加使用流畅度，将 H5 页面加入到软件中，但是经常会出现卡顿、延时、加载缓慢、证书权限不足等情况。微信小程序则是将公众号平台进行二次开发，使用起来会更加流畅，不仅可以随意切换，而且还不会出现卡顿。

在如今的互联网时代，微信小程序已经逐渐被更多用户了解并使用，各种各样的小程序逐渐进入到我们的日常生活之中。随着这样的趋势发展，小程序将发展成为大型的线上平台，越来越多的商户会选择将微信小程序作为主要的营销方式。

事实上，小程序的核心就是将生活的场景切碎，并将微信服务融入生活。我们相信，在微信小程序的持续发展下，手机中App的安装数量会越来越少，生活场景会变得越来越便捷。

1.5 小程序的价值体现

微信小程序的轻型发展路线，很有可能会成为未来移动互联网应用的主要形式。为了保证简约的风格，微信小程序目前主要是解决核心的使用问题，所以在短时间内，小程序还不能完全替代那些功能繁多的App。

但是从趋势上看，井喷式发展的小程序数量，势必会让小程序的功能越来越完善，它的未来需要时间来检验。针对不同的使用者，微信小程序有着不同的使用价值：

一、用户的角度

1. 便于使用低频服务

微信小程序的极简模式理念，让应用在使用完毕后可以直接关掉，不会占用手机内存，而且随时可以删除。“用完即走”的特点非常适合低频服务，比如像点餐、买车票、医疗这样的小程序，用户可以在使用后关闭，等到需要时再打开，避免像传统的 App 一样长时间占用手机内存。

2. 随地可用的线下服务

经过 2 年多的推广，全国很多实体店都开通了微信小程序。如今，很多餐馆点餐时已经不需要排队，用户进店后扫描二维码就可以进入线下店铺的小程序界面进行点餐。用户不需要下载 App，也不用排队耽误时间，依托于微信支付，就可以轻松地完成消费的全过程。

3. 满足个性化需求

利用小程序无需安装的特点，用户可以方便快捷地使用各种主流的音乐播放器、视频播放器、炒股平台、阅读器等工具。比如，喜欢歌曲的用户，可以随时利用小程序在酷狗音乐、网易云音乐、QQ 音乐、喜马拉雅 FM 等平台自由切换，而不必下载一堆音乐播放器。

二、App 开发者的角度

1. 低频 App 有新的机会

借助微信的巨大流量，一些低频 App 的开发者开始将重心转移到微信小程序上。相较于 App 的低频访问量，开发微信小程序不仅能够降低成本，而且收效十分显著。

2. 高频 App 变得更为精简

虽然高频 App 并没有被大量用户卸载的潜在风险，但是如果不重视小程序的开发，就容易被竞争对手抢占微信小程序的市场，从而拉开差距。

比如在餐饮方面，肯德基、汉堡王、真功夫、吉野家等企业在小程序上线后迅速推出了各自的微信小程序，他们放弃了原先App中的“每日秒杀”“抽奖”“周边商城”等功能，只将最为核心的点餐功能加入微信小程序。

三、线下商家的角度

1. 开启O2O新的推广模式

在社区中，水果店、小诊所、洗衣店、健身房、律师事务所等几乎所有的线下店铺都能创建自己的微信小程序，利用“附近的小程序”功能，各个店铺相当于拥有了一块24小时在线的免费广告牌，可以为实体店铺带来更多附近的顾客。

除此之外，微信小程序还增加了会员模块，可以帮助店铺记录所有消费者的购买信息，同时允许线下零售商记录自己店铺的会员用户。小程序免费会员体系的设定，使很多线下店铺走到线上，极大地增强了店铺自身与客户的连接性。

2. 开启“小程序+公众号”模式

对于很多电商而言，通常的营销手段往往是通过朋友圈和公众号发表推广文章，然后引导客户访问淘宝、京东、牛铺等交易平台进行购物。微信小程序问世后，许多微商和电商都建立了自己的微信小程序，利用公众号宣传+微信小程序选购，使用户在有购物意向后可以快速利用微信支付进行购买。减少了购买环节的烦琐，自然就可以提高销售量，微信小程序改变了电商的销售模式。

3. 节省店铺开支

(1) 商家可以自行搭建程序

因为微信小程序的后台和服务器都设置在云端，所以商家不需要投入资金购买服务器和开发人员。同时小程序的技术门槛不高，也不需要考虑苹果或安卓的系统兼容性，商家自己就可以经营店铺的微信小程序。

（2）利用下单功能，减少雇员数量

在大型酒店和餐厅中，往往需要雇用很多点餐人员。很多酒店拥有自己的微信小程序后，顾客可以自由地在小程序上挑选菜品、查询自己的取餐时间、预约明天的雅间等。这样餐厅自然就可以减少雇员的数量，从而节省开支。

（3）没有中间商赚差价

近几年外卖行业兴起，很多外卖平台开始逐渐提高佣金的抽取比例。很多店铺将目光转向不抽取佣金的小程序，随着更多餐饮店铺加入小程序，未来像药店、超市、水果等店铺也会逐渐加入，形成新的交易平台。

张小龙曾经说过："商业本质上还是服务，小程序要做的是通过它的连接力，为线下的商业场景赋能。"从长远来看，微信小程序的未来非常光明。随着O2O线下市场的发展和成熟，相信微信小程序将会给用户带来更大的价值，给公司和企业带来更多的机会。

1.6 那些你对小程序的误解

在移动互联网时代，开发成本远低于App的微信小程序给互联网创业者带来了很多机会。对于拥有10亿用户数量的超级App来说，微信小程序有着得天独厚的发展优势，它的每次更新都牵动着互联网从业者的内心。然而，在使用过程中，很多用户对微信小程序还有很多误解，但是经过深度观察和思考后，都会发现直觉和真相完全不同。以下就是大家可能对小程序产生的一些误解：

1. 微信小程序的体验不如原生 App

在很多微信使用者看来，小程序就是简化的 App，所以在使用体验和操作流畅度方面不如真正的 App，但是事实并非如此。

小程序作为微信在移动互联网中重要的战略布局，如果它的用户体验和流畅度都不如人意，按照张小龙追求简约的习惯，微信小程序也不可能被推出。

微信团队从一开始就对小程序的 UI 框架设置了标准，按照这个标准设计出的小程序，无论是用户体验还是流畅度都能有所保证。微信官方也对小程序质量有一定要求，这样用户在使用各个小程序时，都能得到优秀的体验。

从另一个角度来说，目前的 App 因为功能繁多、优化难以见效，所以很难提升流畅度，这样的痛点也让很多用户不得不寻找新的应用使用方式，在这时发布的微信小程序，无疑是很多追求流畅体验的用户们的新希望。

现在发布的微信小程序，已经完全实现了设计目标：无需安装、触手可及、用完即走、无需卸载，用户的实际体验要比原生 App 强很多。

2. 微信小程序只适合使用低频应用?

顾名思义，低频应用就是大部分用户平时不使用的应用，比如说金融、医疗、公共服务等，这些应用的用户访问频率较低。与之相对的，是像购物、美食、出行、酒店这样的应用，它们被用户频繁访问，被称为高频应用。

有人认为微信小程序只适合使用低频应用，他们认为小程序无法达到 App 的使用效果和体验，所以难以替代高频 App。

但是，张小龙在设计微信小程序时的定位是全媒体应用生态圈，并没有在应用的高低频方面进行区分，未来所有应用都会加入到小程序中。

按照现在的发展模式，低频应用因为功能简单，开发周期短，所以必定会优先进入小程序，给用户造成“小程序全是低频应用”的错觉。

两年多以来，无数开发者都努力将各种高频 App 设计成小程序并成功上线，比如餐饮业的肯德基、必胜客、海底捞、永和大王，酒店行业的 7 天、汉庭、智选假日。他们原本的 App 功能非常完善，但是经过舍弃次要功能后，依然可以完美地在小程序中供用户使用。对很多消费者而言，这些高频 App 舍弃次要功能后，只会变得越来越便捷。

3. 微信小程序就是应用商店

小程序面世后，很多用户认为它特别像自己曾经使用的 360 手机助手、百度手机助手、华为应用市场这类应用管理软件。事实上，小程序的功能和应用商店虽有类似，但并不相同。

（1）小程序中的所有应用都相当于是微信小程序的子应用，通过微信小程序，用户可以轻松打开 230 万个应用，而应用商店中的 App 相互之间是独立关系。

（2）微信小程序作为应用管理的平台，只承担搜索和删除功能。用户可以通过扫描二维码、好友分享、搜索、附近的小程序来找到应用，也可以长按某个小程序选择删除功能。除此之外，小程序并没有涉及像大部分应用商店的分类、榜单、手机体检、手机瘦身、推荐、垃圾清理等功能，小程序团队想要还给用户最纯粹的使用体验。

早在 2017 年，张小龙就表示他们不会做一个小程序的商店，也不会像外界所猜测的那样，做一个 App 的分发。从一开始小程序的团队就认为，小程序应该没有一个中心入口，是去中心化的形态，所以也不会做小程序的分类、排行、推荐。

4. 微信小程序过于简单

小程序的界面非常简洁，在一些用户看来是设计不用心，没有呈现出堪比 App 应用那样的效果。但事实上，微信能拥有 10 亿用户，不也是凭借着简洁的社交功能才获得成功吗？

张小龙为微信小程序定义的“触手可得”就是指，最为便捷的使用体验才能带来最好的用户反馈，也才能得到用户的青睐。所以从一开始，小程序团队只是不停地简化小程序，而没有选择更新小程序的主页界面或是增添新的功能，因为他们知道，在用户使用时，简单就是最好。

1.7 小程序连接一切，不止连接一切

2014 年 11 月，马化腾在世界互联网大会上提出，互联网将更多连接用户的需求，腾讯做的是最底层的，往上要让传统行业自己去搭建，各个行业需要通力合作，才能发挥移动互联网的最大威力，腾讯的使命是成为互联网连接器，连接一切。

这里马化腾提到的“连接一切”，指的就是连接人与人、人与服务、人与商业、人与物品。在后来的这几年中，微信将这些连接一一实现：

人与人的连接。人与人的连接在微信面世后的聊天功能就已经实现，目前微信已经有超过 10 亿用户，几乎有手机的中国人都会使用微信进行日常交流。

人与服务的连接。微信服务号的推出，让很多企业和组织可以在公众号内使用更强大的服务和用户管理功能，可以将用户与企业的服务号进行绑定，用户可以利用服务号进行阅读、购物、娱乐等活动。

人与商业的连接。传统的商业连接主要利用的是线下店铺，互联网时代，微信通过开通微信支付的功能，使用户可以直接通过微信进行消费。

但是，微信仍然缺少人与物品的连接方式。过去几年中，很多公司为了连接人与物品，设计了很多智能设备，强行将芯片塞进空气净化器、自行车、体重秤、水杯、台灯、运动鞋等现实世界的物品里，然后通过手机 App 让这些物品和用户产生联系。

这样的方法貌似很不错，很多公司推出的智能设备也受到了用户的一致好评。但是这些公司的发展依旧非常缓慢，其根本原因就是，他们不可能将现实世界中的所有物品都强行塞上一块芯片来与用户连接。

通过转变思路，一些公司找到了新的办法。支付宝率先推出了新年扫福和 AR 红包，希望可以通过摄像头和 App 将用户和物品相连接。但是这个方法过于局限，能与用户产生关联的物品种类太少。

为了解决这个问题，微信推出了二维码，它相当于一个网址。尽管二维码不是微信首创的，却是微信推广和普及的。现在国内大大小小的商铺，在收银柜台，大都会张贴醒目的二维码来方便用户支付。

在线下生活中，店铺相当于某种物品，通过已经普及的微信支付，微信已经基本实现了用户对物品的单向连接。但是仍然缺少物品对用户的连接，随后微信小程序应运而生，线下店铺可以利用二维码，将生活中的一切物品电子化，然后通过小程序与用户进行关联。

张小龙曾经说过："我们希望基于微信搭建一个生态系统，但不是我们自己把生态系统里面的每一块都给做了，简单地说，我们希望建造一个森林，而不是建造一座自己的宫殿，我们希望培育一个环境，让所有的动植物在森林里面自由生长出来，而不是我们去建造出来。"

如今张小龙的希望正在慢慢实现，微信小程序这个平台上线之后，进一步完善了微信的生态圈，真正让微信变成"连接一切"的利器。

在很多人看来，微信小程序现在非常像苹果经营的AppStore生态，因为小程序官方规定了统一的入口、统一的开发语言、统一的编写规范、统一的店铺共赢机制，利用这个公平开放的生态，微信可以将微信用户、店铺、所有线下物品进行连接，创造无限的可能性。

从表面上看，小程序规定用户只能通过线下扫码、搜索、附近的小程序、好友分享这几种方式进入，连朋友圈都不允许分享微信小程序的二维码，这似乎是“限制连接”的错误行为，会影响小程序的推广。

但事实上，这样的做法正符合微信“通过二维码连接世界”的战略，因为只有迫使商家积极使用线上服务，才能将用户和线下的所有物品都连接起来，否则就又走回电商的老路了。

通过线上连接，支付宝能够依托淘宝上的生活服务商家和阿里电商平台来建立自己的生态闭环，他们的核心优势在于线上物品对用户的连接。与之对比，微信正在利用小程序逐步构建起“连接一切”的能力，微信之所以能够成为互联网第五大发明，就是因为它拥有双向连接用户和物品的能力。

随着腾讯“连接一切”的计划继续实施，微信小程序的发展肯定不止于此。随着5G时代的到来，小程序会进一步实现人与物品的全面连接。

5G 时代，小程序的红利迎来爆发

2.1 5G时代，将带来哪些改变

2019年2月21日，2019工业互联网峰会开幕，工信部部长苗圩在开幕式上这样说："要大力推进5G和全光纤网络的部署，打造标识应用的生态。"除此之外，各种关于5G的消息更是接踵而来：5G智能手机来了，5G公交站来了，5G火车站来了……

5G究竟是什么

5G中的"G"是Generation的缩写，翻译成中文是"代、世"的意思，5G就是第五代移动通信技术的简称，是第四代移动通信技术的升级和延伸。中国工程院邬贺铨院士在互联网大会上曾经说过："1G到4G是面向个人通信的，5G是面向移动互联网和工业互联网的。"与4G相比，5G具有更高速、更安全和低延时的特点，能够给用户带来更好的体验。

5G的优势

速度更快：5G具有难以想象的高移动性。其可以承受的移动速度超过500公里/小时，4G差不多是350公里/小时，也就是说在高速行驶的高铁上网络不会卡了。

泛在网：就是说在社会生活的每一个角落都有网络的存在，这是非常重要的。在4G时代，在某些地方你可能收不到信号。在现在的科技社会，没有网络很多功能都无法实现。比如说，设想中的智能汽车，在外面跑一天，晚上回去可以自己去地下车库的车位充电。如果地下车库没有网络，它怎么能够实现这个功能呢？

当5G网络覆盖之后，很多预想中的功能都能够实现。5G的到来是不可阻挡的趋势，整个城市将成为一个大的整体，如图2－1所示。

图2－1

低延迟：现在的4G网络已经非常快了，但网络传输延时仍然不可避免。比如说，我们平时打电话时，对方接收到你的通话请求时依然有几秒钟的延时。但是，当进入到5G网络时，网络传输延时就可以减少到零点几秒，几乎可以忽略不计。

未来生活

智能购物：在5G时代，你穿戴的设备不仅可以提供时间、运动记录、步数等基础信息，更可以收集更多与之相连的传感器数据，让虚拟世界变得更加真实。比如，你想要购物，通过5G技术可以获取到附近商场的POI[1]信息，得到该商场内任意产品的产地、包装、运输和销售等数据，你可以通过这些数据去选择自己要购买的产品。而且，智能家居也不再需要依赖手机，只需要结合传感器、边缘计算和人工智能等技术就能够完美实现，如图2-2所示。

图2-2

智能驾驶：当5G普及后，无人驾驶将会变得更加安全。想要实现无人驾驶，就需要具有低时延、高可靠、高流量、高移动网络的支持，这恰好是5G网络能够做到的。并且在5G时代，地图将变得更加清晰，更加智能地进行路线规划。5G网络能够让汽车的响应速度更快，每辆汽车都能够连接起来，互相判定位置，这就给了汽车足够的响应时间。

这个时候，汽车的反应速度就变成了毫秒级，很多安全隐患带来的交通事故就会消失于无形。同时，更加成熟的AI技术能够让汽车变得更加智能，在5G网络的基础上，汽车可以从其他汽车那里获取信息，学习驾

[1] POI：Point of Interest，译为“兴趣点”的意思。在地理信息系统中，一个POI可以是一栋房子、一个商铺、一个邮筒、一个公交站等。

驶经验。

智能就医：在 5G 时代，医生可以通过 5G 网络连接 AI 辅助系统，很多医院就可以开展个性化的医疗咨询服务。通过人工智能医疗系统，人们在家就可以进行医疗咨询。

智能医疗：可以根据病人的遗传信息、生活方式和身体状况，建立 AI 模型进行主动监测，一旦发现异常，就改变治疗计划。

VR/AR 应用：虽然现在已经推出 VR/AR 技术，但是日常使用的场景并不多。在 5G 时代，它们将获得更大的发展空间。很多人期待的全息网游，也可能成为现实。看电视或电影的时候，会有更加身临其境的体验。AR 技术能够在虚拟场景和真实场景之间建立一个交互的桥梁，帮助使用者更加全面地了解真实世界的物体，并且可以进行交互。

比如说，你想要打一场篮球，不需要到处找朋友来陪你玩。你可以通过大数据计算、VR 和 AR 技术，将技术特点和比赛要求输入系统之中，就可以虚构出想要合作的队友和对手，然后进行批量复制，就可以进行比赛了。

所以说，当 5G 时代来临之后，带给这个世界的变化将是广泛而深刻的，人们的生活方式会发生天翻地覆的变化，生活会变得越来越智能。

2.2 5G 时代，小程序将如何改变互联网生态

在世界互联网大会上，腾讯主推的产品就是小程序，这也是大会官方选出的第一个“世界互联网领先科技成果”。有人估计，到 2020 年，小程序将突破 1400 万个，使用用户也将超过 8.5 亿。从大数据来看，全民入网时代已经来临。这也是腾讯为了迎接 5G 时代布局最好的一个产品，它直接展现了 5G 时代移动互联网的形态。

当5G时代来临，没有了网速的限制，“轻型应用”就将成为被普遍看好的新的发展方向，小程序也将发挥它真正的作用，将直接取代一大批使用体验差、可替代性强的App。

在未来，你的生活可能变成这样：

你的手机里没有各种乱七八糟的App，一个小程序入口就能够解决你的所有需求，如图2-3所示：

图2-3

不需要通过第三方，你可以利用小程序直接与商家点对点建立联系。

如果你想要展示自己的产品，可以无缝连接抖音、快手、网易等平台，用户在观看的时候，就可以直接点击购买，无需跳转到另一个平台。

每一个商家都拥有属于自己的小程序，可以做线上经营、促销和用户互动，构建自己的商业生态，不需要再通过第三方平台。

每个人都可以拥有自己的小程序，这里的小程序可以看成是你互联网上“虚拟的家”，你可以在这里发布信息，解决需求、创业、经营等与你生活相关的一切问题，而且你将是这个“家”唯一的主人。

除了微信，现在很多App都创立了自己的小程序，比如百度小程序、支付宝小程序和今日头条小程序等，互联网巨头相继布局小程序，就是为了迎接即将到来的5G时代，打造小程序发展生态圈。每一个小程序的背后都拥有巨大的用户量，都有机会做出一个属于自己的开发者生态。

对于商家而言，在小程序时代，商家可以根据不同产品针对的不同目标人群和场景去定位、匹配，不必受到各种平台的制约，真正做到“我的地盘我做主”，如图2-4所示。小程序的发展，能够给人们带来更多的机遇，很多人靠着小程序找到了新的发展机遇，在5G时代来临之前，抢占第一批红利快速发展起来。

图2-4

当然，小程序能够发展起来的最关键原因，就是它能够让产品和服务以最低的成本获得更大程度的曝光。相对于各种App而言，小程序降低了开发门槛和营销费用，让产品成本更低，服务效率更高。

小程序还能够将客户私有化。在如淘宝、美团等传统的电商平台，商家想要入驻就要交纳入驻费用、广告费用等，而且客户、流量是属于平台的。如果是放在小程序上，每个小程序都是相互独立的，所产生的流量和用户都是属于自己的。商家只需要维护好和用户之间的关系、实现口碑营销，就能够将用户变成忠实粉丝。

在没有小程序之前，微信商城是通过服务号“H5+”的形式实现的，然而用户的使用体验并不好，成本也很高。如果将其换成小程序，将线下场景运用进来，制定统一的审核标准，就能够重构移动互联网生态。

对于个人而言，小程序也能够让你的生活变得更加方便。在4G时代，有一些App不常使用，但如果卸载，某一天你需要用到的时候就需要重新下载；如果不卸载，就只能任由它们占据手机内存。小程序则不需要下载安装，只需要搜索或者扫一扫即可使用，让人与服务之间的连接更加简单方便。

小程序还能够改变你的购物方式。4G时代，很多大型超市都会推出自己的购物App。到了5G时代，商家则会推出各种小程序，将各种优惠券放到小程序里面，方便用户领取；扫一扫即可结账，无需排队；去餐厅快速点餐付款，还能备注口味，这样人们的生活会变得越来越便利。

很多人在寄快递的时候，想要查询快递到了哪里，需要上网搜索快递查询页面，然后输入单号查问。如果使用小程序，用户就可以快速寄件，同时结合扫一扫功能，在小程序中扫描条形码，就可以进行实时跟踪。除此之外，各种生活服务类的小程序，可以让你更方便地买到火车票、汽车票、旅游景点门票和预订酒店等，让出行不再是一件麻烦事。

这些生活服务类的小程序，可以让我们更快捷地享受应用服务。当然，人们还可以通过小程序对交通路况、公交等进行实时查询，节约时间。

随着网络的发展，手机在人们生活中的占比越来越大。基于4G网络的基础，人们更喜欢使用各种App，小程序并没有火起来。当移动网络升级到5G的时候，小程序就能够替代各种繁多的App，显示出它的真正作用来。

2.3 5G时代，开发小程序还是开发App

有一位老板生意做得越来越大，于是他想要拓展更多的渠道销售产品，他面临着两个选择：一个是开发一个自己公司的App，但是开发App

周期长，而且投入成本比较高；另一个选择就是开发小程序。该老板比较二者的优劣势后，最后选择开发小程序。

从成本的角度考虑，开发一个小程序无疑比 App 更有优势。对于每个公司而言，把控开发成本是非常重要的事情。如果前期投入太多，在不知道收益如何的情况下，公司就会承担更多的风险。

比如说，如果开发 App，公司必须考虑要适配各种主流手机，同时要开发 iOS 和安卓两个版本，这样开发成本就会翻倍。而且，后期的维护、推广和运营也是一笔很大的开支。如果收益和开发成本不成正比，很可能会给公司造成很大的经济损失。

如果客户选择开发小程序，开发周期差不多为 2 周，相对于双平台 App 开发周期长达 2 个月而言，已经非常短了。并且不需要分别研发安卓和 iOS 版本，这就大大节约了成本。

在 4G 时代，小程序的页面体验感比较差，很多客户可能会选择开发 App。但是，到了 5G 时代后，网速将获得极大的提升，即使小程序的功能越来越多，也不会存在打开速度缓慢的问题。

从技术和运营的角度考虑，开发一个 App 需要组建一个专业的团队，后期的维护也需要专业人士。而开发一个小程序只需要交给那些专业开发的第三方，或者是招一个技术人员即可，需要的人远远少于开发 App 的人。这样商家就能够将更多的精力放在运营上面。

App 想要被用户下载安装，就要将其上架到各个应用商店，提交资料审核，最后通过了才能够上架。然而，每个应用商店所需资料并不一样，那样势必会造成更多的工作。在 4G 时代，小程序的运营以微信为基础，只要提交到微信公众平台，通过审核就可以进行云推送。由此可见，在 5G 时代，小程序同样不需要通过应用商店的审核，可以直接被用户使用。

市场上各种 App 层出不穷，几乎覆盖了所有的领域，已经达到饱和。

商家想要让自己公司的App获得流量和用户，就需要想出各种吸引人的活动或设计出更加精美的页面。而小程序市场还属于蓝海，商家可以在新的使用场景中找到更多的机会。

对于一个比较陌生的App，用户信任度低，不会轻易下载。而小程序基于微信平台的10亿用户，能够轻易获得大量的流量。在5G时代，各大平台都会开发属于自己的小程序，在原有的基础上，他们能够快速获得用户的信任。同样，商家也可以将自己的小程序提交到这些平台上，将他们的流量变成自己的私有用户。

小程序并不需要下载，这样就不会占用手机内存，空出来的手机内存可以让用户去做更多的事情。此外，小程序也没有各种捆绑软件和功能，手机的利用率就会大大提高。除此之外，它还没有启动广告或者是其他推荐广告，这是小程序相对于App的另一个优点，因为很多App启动之前都有几秒的广告。

依托于5G技术的高速网速，人们在使用小程序的时候入口多，不需要再下载安装包，即开即用，这也是获得用户好感的一大利器。而且，用户在使用过后还会自动保存记录，方便下次进入。小程序的推广方式更加多样化，比如说，你可以通过微信群、朋友圈、公众号或者是各种社交平台推广，不需要像App一样频繁地推送广告，这样只会引起用户的反感。

在5G时代，小程序相对于App明显更有优势。小程序是与潜在用户直接连接，并不需要借助第三方引流，这就会让商家拥有更多的主动性，也会有更多的商家选择小程序。而且小程序的开发并没有限制，不论你是商家还是用户，现在都可以选择研发小程序，这样才能够在5G时代来临之时，抢占第一手资源。

2. 4 小程序的千万级市场潜力

2018 年 11 月6 日，艾媒咨询发布了一则《2018 中国小程序发展洞察报告》。报告显示，2018 年中国小程序数量突破 200 万个，到 2020 年预计将超 1400 万个，用户规模预计将超过 8. 5 亿人。从 2017 年到 2020 年，小程序的用户增长如图 2 –5 所示。

数据来源：艾媒咨询

图 2 –5

小程序的市场潜力无疑是非常强大的，从宏观的角度分析，随着网络科技的发展，社区对人们生活的影响越来越大，小程序也在人们的生活中崭露头角。尤其是 5G 时代的来临，为小程序的发展提供了坚实的基础。

从微观的角度分析，小程序本身存在的众多优势吸引了一大批企业商家和用户。比如小程序“用完即走”的理念，用户不需要担心手机内存的问题，随时可用，这一优点受到了大多数用户的喜爱。

随着使用小程序的用户越来越多，企业商家如果能开发出具有特色的小程序，就能有效拓展业务。更不用说，小程序出色的引流能力能够带给企业商家更多盈利的可能。

举个例子，企业商家除了满足用户的需求外，还可以开发各种有趣的小程序。比如游戏类小程序，既好玩又不会占用手机内存，获得了很多用户的青睐，大大提高了用户黏性。

很多人认为，小程序和 App 是一样的，并且功能没有 App 丰富。这是一种错误的认知。在最初的时候，由于小程序的接口存在诸多限制，用户确实不多，开发者的积极性也不高。

但是，小程序和 App 的服务场景并不相同，或者说小程序是 App 的延伸，为了适应更多特定的场景。有人曾经说过："小程序不是为了取代 App，而是为了更好地服务用户。"

随着 5G 时代的脚步越来越近，小程序不断更新迭代，发布能力增加到了 100 多项，开放入口达到了 50 多种，包括用户分享、跳转功能等多个重量级的入口，多变的玩法和丰富的功能，使得小程序的用户量不断攀升。

从商家的角度分析，小程序庞大的用户量，无疑能够给商家提供更多的客户来源。商家如果能够充分利用小程序带来的社交流量，经过沉淀、变现，就相当于多了一个重量级的推广渠道。

比如说在去年双十一期间，蘑菇街小程序的新客成交比是蘑菇街 App 的 4.2 倍，小程序内的用户成交率明显比 App 高 16.1%，小程序内用户的购买速度是 App 的 2.28 倍，小程序直播达到的销售额是平日的 28.57 倍；根据数据显示，很多主播的直播间重复购买率高达 90%。

这些数据意味着越来越多的商家会将精力投入到小程序的研发中。当然，在小程序的不断更新中，使用场景也不断增多，尤其是小程序已经融入了很多现实中的场景，与用户的生活紧密地联系在了一起，使得很多人已经将使用小程序当成一种习惯。

既然小程序现有的大部分功能能够满足用户的需求，那么就会使得用户使用小程序的频率逐渐增多。据统计，现在用户单次使用小程序的时长已经增至八到九分钟，日使用频率也增加到了四到六次。

也就是说，小程序生态圈日趋完善成熟，在生活中的覆盖面也越来越大，如图 2 -6 所示。小程序表现出的拉新能力非常强大，它就像是一个线上与线下的“连接器”，将商家和用户紧密地连接在一起，不用再受制于 O2O 平台，帮助商家实现留存老用户、拓展新用户的目的。在 5G 时代，线上与线下流量相互转换的模式将成为移动互联网的常态，而小程序在这一方面的强大表现力将成为用户的第一选择。

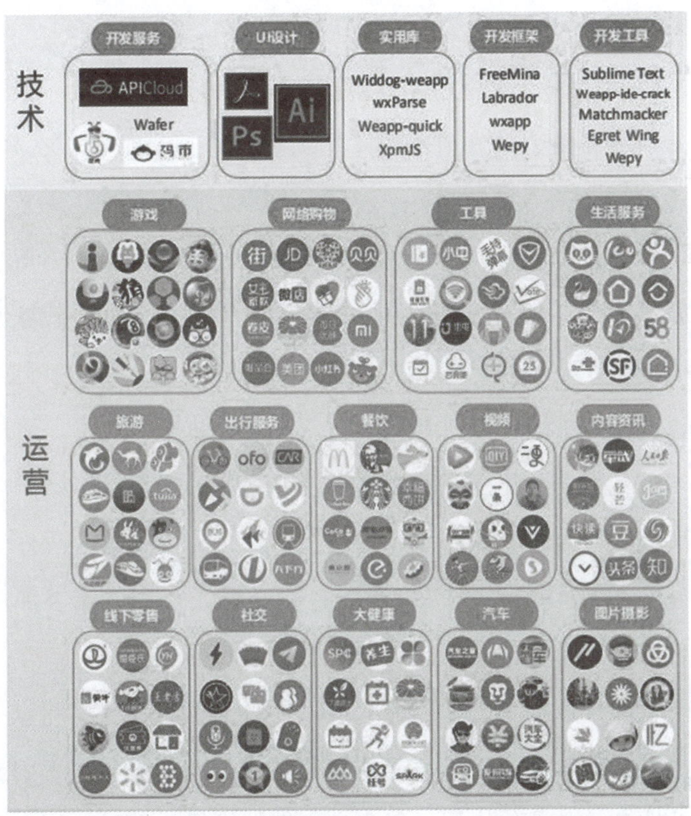

图 2 -6

从用户的角度分析，小程序能够让用户的生活变得更加便利。在现代社会中，人们越来越追求快捷方便的生活方式。如果用户能够通过线上不同的入口进入不同的商家小程序，不出门就能享受门店服务，就意味着人们的生活会变得更加丰富和智能，这对用户而言是一个很大的诱惑。

从各个角度分析，小程序的市场发展潜力都非常大，不论是企业商家还是个人用户，不妨现在就行动起来，开发带有自己特色的小程序，抢占小程序的前期红利。

2.5 谁是小程序的未来受益者

在未来的5G时代，小程序无疑能给人们带来很多益处。但是，很多人对其认知有些模糊，不知道小程序到底能够给他们带来什么样的益处。我们可以进行一个简单地分析。

从整个市场角度来看，小程序的企业商家、用户、第三方服务商和开发者等都是受益者。但是，能够从中获得最大利益的是企业商家和用户。

对于一些已经具有一定规模的企业商家而言，在原有的基础上开发小程序，能够为一些轻度用户和新用户提供基础服务。让用户通过简单操作，享受更好的服务，通过碎片化的服务增加用户黏度。

小程序的入口众多，用户可以通过扫描二维码、搜索小程序等方式进入页面。还有“社群+小程序”产生的裂变模式，不但能够加深用户对小程序的信赖感，而且还能够提供更多样的推广渠道。

这对于电商行业而言，在与原有App不冲突的基础上，可以更大程度地拓展粉丝群。调查发现，小程序中产生的用户粉丝，复购率明显高于电商App，黏性高、消费能力强。每当商家策划推出活动时，用户都能够积极参与。通过小程序，线上商家可以直接推送各种优惠信息、测评，为消费者答疑或是告诉消费者产品背后的故事等。有时候，商家还可以设置问题讨论组，让消费者参与其中，反复刺激他们的购买欲。

除了电商行业之外，小程序对线下的实体店也有非常大的帮助。比如说，很多线下实体店都开发了小程序，并开通了“附近的小程序”功能。这就帮助实体店突破了空间限制，只要附近的用户产生了需求，进而搜索的时候就能搜到该实体店，并达成交易，打造线上与线下相结合的新购物模式。

小程序的作用在餐饮行业尤其能够体现出来。小程序和餐饮店相结合，能够给用户带来一体化的就餐体验。用户即使去人气非常火爆的店铺吃饭，也不需要排队，只要通过小程序预约即可，甚至用户还可以进行线上点餐，在预定的时间内到店就餐即可。在“附近的小程序”“小程序会员卡”等功能释放之后，很多餐厅的点餐效率和翻台率都有了很大的提升，月平均流量和订单量也大大提高。

很多小程序都添加了自助点餐和预约功能，这就可以为餐厅节省很多人工成本，不需要再被点餐员忙不过来而造成用户不满等问题困扰。

餐饮类的小程序正在重塑人们的餐饮消费习惯。商家可以通过使用不同的营销功能组件，使会员营销体系更加完善，在不断吸引新用户的同时，增加了新客的留存率，然后不断地刺激用户产生持续性的消费行为。

小程序还解决了很多信息不对称的问题。比如说，用户想要购买鲜花，但是在没有“附近的小程序”功能的时候，很多用户并不知道附近就有花店，浪费了时间去远处寻找。对于商家而言，则是消费者找不到自己的门店而因此错失订单。小程序的出现，正好弥补了这一点。

当然，对于一些中小企业或者是刚创业的商家而言，小程序就是一个很好的机遇。因为，如果开发 App，动辄十几万、几十万的成本是他们无法承受的，而小程序的研发成本低，可以节省大量的资金。而且同时面对新平台，新企业和老企业站到了同一条起跑线上，可以进行更加公平的竞争。

很多互联网企业在研发 App 新功能的时候，并不能保证它就能受用户欢迎。这个时候，如果能够将新功能做成小程序投放到市场上，观察市场反应，即使没有受到用户欢迎，研发的低成本也不会让公司遭受太大的损失。

小程序不仅能让企业商家收获一大波红利，还能给用户的生活带来巨大的改变。首先，最大的改变就是极大地减轻了用户手机的负担。用户并不需要下载 App，只要找到一个小程序入口，就能够满足自己的需求。小程序给用户的生活带来了很多便利，比如说，它能够展示附近的实体店和提供各种优惠信息，节约了用户的时间和金钱。

举个例子，现在很多人喜欢点外卖，烤肉串在实体店中可能只需要 2 元钱一串。但是，如果你去外卖平台则需要 3 元钱一串，这多出来的 1 元钱并没有被商家赚到，而是落到了平台的手中。但是，如果用户用商家的小程序点餐，就不存在抽成，甚至商家还会放出优惠券，让用户用更少的钱买同样的东西。商家也不需要再给平台缴纳各种费用，将利润让给用户，在不赔钱的情况下留住用户。

当然，用户也可以注册开发自己的小程序，并且通过它获得收益。比如说，如果你想创业，可以先用小程序来推广你的产品，积攒路人缘，获得忠实粉丝。

所以说，不论你是企业商家还是用户，小程序的出现都是一个新的机遇，只要抓住就能够从中获得收益。

2.6 哪些领域适合注册小程序

在5G时代，很多用户都会选择小程序。但是，小程序真是适用于所有的领域吗？答案是否定的。

我们想要明确哪些领域适合做小程序，可以根据这个领域内App的使用频率和是否为刚需来确定，如图2－7所示：

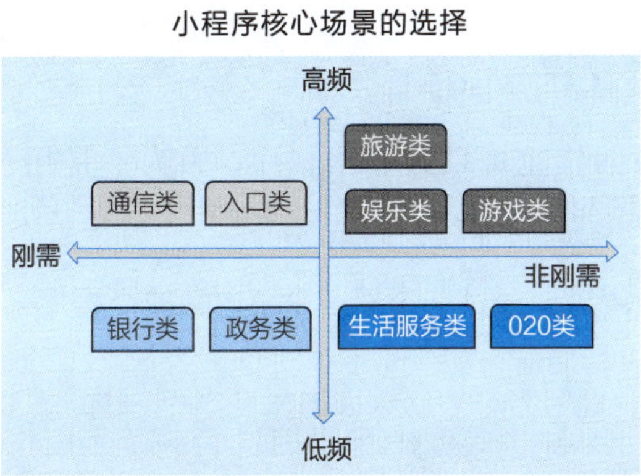

图2－7

低频刚需领域

这个领域比较适合开发小程序，它们通常已经有了自己的App，并且是用户必须用到的，但是并不会频繁到每天都会使用。这些领域通常可以通过App将用户留在自己手中，然后再通过小程序快速引流，让用户越来越多。

如果应用到实践中，具体是下面两种：

银行类：现在手机支付越来越方便，很多人使用银行App并不频繁。用户经常会面临这样一个问题：不卸载，占内存；但如果卸载了，需要办业务的时候，没有App又不方便。所以，开发一个相关的小程序，用户可以在小程序上处理各种业务，参加相关活动就会变得非常方便。

政务类：政务类型的App是人们生活必不可少的软件。比如，北京交警、违章查询等，这是开车一族非常需要的，可以随时查询违规情况和了解国家新出台的政策。但是，这一类型的App比较正式，只需定期查看即可。

除了这两类之外，医疗类和平台类网站也适合开发小程序，可以帮助平台增加覆盖面，比如58同城、114查询、本地头条、大牌抢购等。

低频非刚需领域

这样的领域同样也可以开发小程序。因为不是用户所必须使用的App，用户活跃度不高，往往会卸载App。这个时候，企业商家想要增加用户的活跃度，就需要通过一个不占手机内存的小程序来增加流量，提升业务的访问咨询。

如果应用到实践中，具体是下面两种：

生活服务类：这一类的小程序可以包括还款、缴费、打车、快递等。通常这一类的App非常少，因为它们功能单一，且很难满足用户的需求。它们常作为一个App的某一功能存在，并不具备单独成为App的能力。但是，企业商家将其开发为小程序却非常适合，它既简单实用，又能够成为留住用户的一个新入口。同时，小程序开发成本并不高，还能够实现线上线下的推广目的，让企业更快地抓住商机。

O2O类：O2O类App通常是需要用户付费的。当一个事物需要用户付费时，通常很难获得用户的好感。因此，这一类的App很难留住用户。即使被开发出来，也会亏本。如果将其开发为小程序，那么成本将会大大降低。同时，在小程序中添加分享功能，利用大平台的用户基数和裂变能力，O2O类商家将获得更大的发展空间。

高频非刚需领域

在这个领域小程序能够不断提升商家的品牌知名度，通过小程序进行引流，商家可以获取更多潜在用户。如果应用到实践中，具体是下面三种：

旅游类：随着人们生活水平的不断提高，旅游成为人们重要的消遣之一。开发旅游类小程序，用户无需下载庞大的 App，随时可以查询旅游之地的各种信息和游玩攻略，甚至可以在小程序上实现预定机票、酒店等业务，大大提高用户的留存率。

娱乐类：用过酷我、酷狗等音乐 App 的用户都有一个体验，随着播放的音乐越多，手机内存就会变得越小。这是因为，在 App 播放音乐的同时，会自动下载歌曲，占据手机内存，大大压缩了必要 App 的使用空间。如果此类 App 能够开发属于自己的小程序，方便用户在线听歌，不会占据手机内存，那么将会获得大量用户。

游戏类：很多人喜欢玩一些简单的小游戏，又不喜欢下载 App，游戏小程序的出现正好解决了这些人的需求。比如海盗来了、跳一跳、萌犬变变变等游戏，就获得了很多用户的喜爱。

高频刚需领域

如果 App 属于使用频率高又是用户必不可少的，那么企业商家完全没有必要去开发小程序。因为小程序功能单一、界面简洁，完全无法满足用户多样性的需求。与其将时间和金钱浪费在小程序上，不如全力去发展 App，用更多的功能和更丰富的玩法留住用户。这一类的 App 包括通信类和入口类，通信类即微信、QQ 等通信软件；入口类即百度、搜狗搜索、谷歌等搜索引擎。

2.7 为什么小程序能引爆新零售

随着网络的发展，各种新型营销模式不断出现。马云曾经说过："未来的十年、二十年，没有电子商务这一说，只有新零售。"

这里的新零售，其实就是"传统零售和线上电商彼此间的融合"，阿里巴巴称之为"新零售"，腾讯则称之为"智慧零售"。

简单来说，就是企业以互联网为依托，通过运用大数据、人工智能等先进技术，对生产、流通和销售商品的过程进行改造，达到重塑业态结构与生态圈的目的，并且对线上服务、线下体验以及现代物流进行融合，实现去中心化的目的。

小程序，可以说是"新零售"的钥匙，开发者可以为小程序添加各种功能，对线上商城、门店、收银、物流、营销、会员等核心商业要素进行重新布局，打造新的零售体系，如图 2－8 所示。

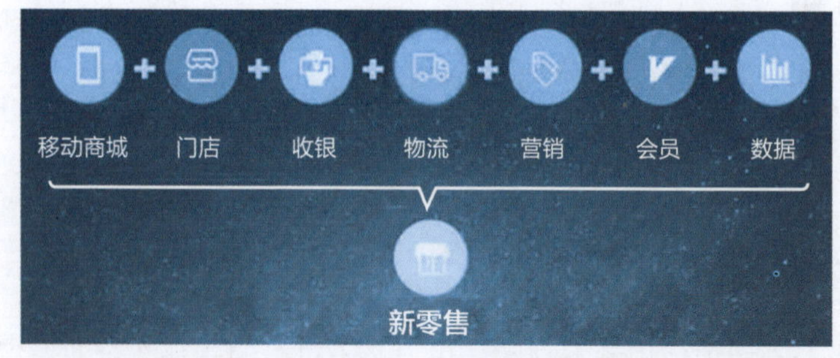

图 2－8

对于传统零售行业而言，现在的互联网市场趋向饱和，人口红利也逐渐消失，企业商家获取流量越来越难；实体店越来越多，生意非常难做，等着客户上门的销售模式早已成为过去式；人们的消费水平越来越高，消费需求正在发生变化，传统零售业已经不能满足人们新的消费需求。

“新零售”打破了传统的零售模式，为企业商家带来了新的机遇，但这一切是建立在拥有大量用户的基础上。不管是传统零售还是新零售，它们的核心都是流量的运营。

随着流量逐渐趋于饱和，并且不断减少，流量的运营困扰着很多企业商家。直到小程序的横空出世，打破了平衡，带来了新机遇。

有人曾说过，小程序就是新零售的未来。新零售的本质是什么？其实就是在手机支付的场景渗透下，让人们逐渐感受到线上线下体系的融合。尤其是小程序开发之后，作为一个连接者，它可以把各种碎片化场景重新连接到一起，从而形成一个新的商业机会。

也就是说，小程序是通过构建各种“场”，让线上和线下连接在一起。比如说，用户在线上注册了一个会员，通过小程序，在线下也能够识别出来，用户享受的积分和优惠是一样的；或者商家有营销活动的时候，通过小程序，不仅可以在线下实体店促销，同样也可以让线上的用户知道，实现线下和线上价格同步。

同样的，小程序还能够通过手机支付、自助收银等把门店和它构建的“场”连接到一起，帮助用户在购物的时候，顺畅地完成线上和线下的转换。数据显示，随着小程序线下场景的不断丰富，新零售小程序的流量始终保持增长态势。

“小程序和零售”的结合，激发了一种新的销售模式，不同功能的结合，让销售模式变得越来越多样。不仅能够给用户带来新鲜感，而且更大程度上满足了用户的需求。

当然，小程序对实体店的影响其实更大。尤其是“附近的小程序”上线之后，商家以小程序为基础，向用户展现各种门店信息，提供各种服务，将“用户与服务”连接起来。

举个例子，在生活中，人们想要买生鲜水果，一般会去农贸市场或大型超市。即使是在网上购买，也需要等待最少一天的时间。现在，很多大型超市或者生鲜超市都会开通“附近的小程序”功能，定位于“1小时到家”。

用户不需要出门，也不需要等太久，就能够买到自己心仪的产品。每日优鲜，就是一个很好的例子。通过小程序，将线上线下结合起来，让下单更轻松，打造出“社区+零售+线上购买”的特色服务。

在生活中，很多线下交易的支付环节已经被在线支付取代。很多购物中心、超市、便利店、餐饮店、娱乐行业等都已经实现了支付环节的数字化，如图2-9所示。

用户可以通过网络进行商品选购，或者是商品定制购、预约购，还可以选择预约上门时间。借助小程序，很多大型超市的销售额都有了明显的增高。

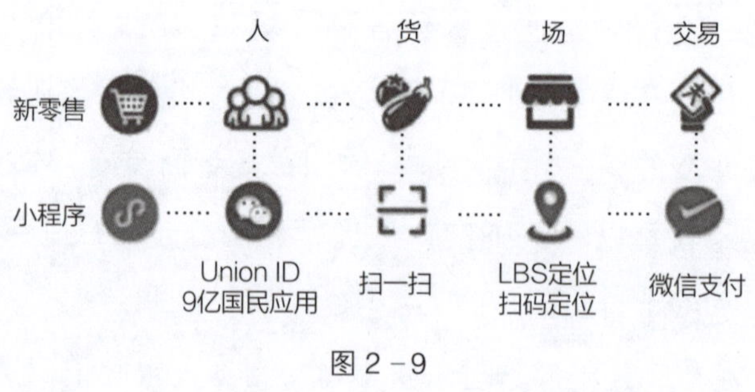

图2-9

“小程序+零售”的销售模式，不仅可以刺激用户消费，它的另一个功能，就是能够提高用户的黏性。比如说“××礼品”小程序，就是利用了小程序“轻”的特点，将品牌定位在“小而精”上。它并不是一个全产品的电商渠道，而是为了让用户在送礼的时候，可以通过小程序快速完成礼物的购买。因此，它的功能更加简洁、方便，同时能够帮助用户节省大量的时间。

小程序赋予了商家“手机支付、优惠买单、会员营销、搜索、置顶、附近的小程序”等功能，与零售相结合，就能够帮助线下商家更直接地连接用户，提升辐射范围，不断地拓展流量。这无疑给商家带来新的机遇，自然会被越来越多的商家重视。

2.8 传统行业如何借助小程序实现移动化转型

所谓的传统行业，通常是指制造业、电子业以及和衣食住行相关的行业等。现在网络科技发展越来越快，传统行业想要留住客户，不被时代抛弃，就需要对自身做出改变。

为什么电商行业比传统行业发展得快？仅仅是因为价格低吗？答案显然是否定的，最重要的一点是，线上购物能够随时随地进行，让人们觉得方便，也更适合人们现在的消费习惯。

传统行业想要实现移动化转型，研发自己企业的小程序将是一个非常好的方法。在现代社会，小程序正在逐渐改变消费者的消费习惯，如果传统行业能够赶上小程序的潮流，就可能转型成功。

通过小程序构建的新场景，传统行业可以建立新的经营模式，包括怎样才能够快速让用户知道商品，如何激发用户的购买欲望，如何方便交易，如何传播等。

在移动互联网的冲击之下，传统行业想要不被淘汰，就要抓住小程序带来的改变和红利。举个例子，很多大型超市在推出小程序之后，获得了大量的线上订单，营业额也逐渐提高。

小程序和传统行业可以说是一个互惠互利的存在，小程序给传统行业提供了一种更加便利快捷的营业模式，传统行业也为小程序提供了更多的应用场景。随着小程序的应用场景越来越多，带来的流量也会不断增加，吸引更多的企业商家参与其中，从而形成良性循环。

但是，也有很多传统行业商家表示，虽然小程序的研发成本比较低，但是小程序上架之后，并没有从中获得大量收益。

其实，这是商家对小程序的认知出现了偏差。小程序对于传统行业而言，可以理解为一个新兴的渠道，它能够帮助传统企业获得更多的流量，而不是主动去帮助商家推广宣传。如果企业商家只是开发出来、上架就不管了，没有营销、推广，小程序做得再好，商业模式都是不完整的。小程序起到的作用，更是微乎其微。

传统行业商家如果想要抓住小程序的红利，就要改变自身的定位，将自身定位为小程序的运营商，在小程序的基础上做销售、品牌营销，并且努力融入互联网的大环境中。

简单地打个比方，我们将“小程序营销”比作做饭，小程序是用来做饭的锅，各种营销手段就是做饭的材料，你没有将材料放到锅中，并且烧火加热，最后却来怪那口锅没有给你饭吃，欺骗了你的感情。这对小程序而言，是不公平的。

不论是什么样的平台，都需要去运营，即使是淘宝这样大的电商平台，也投入了大量的运营成本才获得成功。商家想凭借小程序获得成功，同样也要投入成本去运营。

在传统行业商家的认知中，只要将商品生产出来，就会有客户上门。因为他们通过投放广告、渠道推广卖点等方式将商品卖出去后，就不再关注用户了。于是，在运营小程序的时候，同样也只是将其当作是一个广告渠道，将之前的方式生搬硬套过来。

在移动互联网时代，用户才是流量的根本。你将产品卖给用户后，只是关系的开始，而不是结束。将用户变成你的忠实粉丝，产品质量过关只是最基础的一点，更重要的是你能够为用户提供什么样的服务。

如果你的小程序能够为用户提供的服务越多，用户就会越喜欢使用你的小程序，同样你的收入也就越多。如果你仅仅是想通过小程序来打广告，那么用户很快就会流失。

所以说，传统行业想要成功转型，首先就要改变自己原有的认知，学会重视用户的需求，并且通过小程序不断推出各种活动，制造话题，维护好企业商家和用户之间的关系。

除此之外，传统行业可以根据小程序多种场景入口的优势，来增加企业的曝光率。比如通过识别二维码或搜索小程序、好友分享、附近的小程序等多种方式，吸引用户，提高用户的使用体验，增加用户黏性和知名度。当然，传统行业还可以在小程序中嵌入商城，在用户产生消费冲动时，及时将其转化为消费行为。

传统行业在做小程序的时候，除了搭建一个好看的模板之外，最重要的就是内容建设。不管是什么行业，想要做什么类型的小程序，内容都是商家和用户互动的载体。通过不同的内容，商家可以向用户传递不同的信息，用户也可以凭借内容来了解商家。可以说，好的内容可以更大程度增加用户黏度，提高用户转化率。

因此，企业商家在运营小程序的时候，不仅仅要发布一些和商品有关的信息，也可以通过有趣的文章、图片等内容来吸引用户。

总而言之，很多实体店已经凭借小程序的功能，获取了大量的流量和红利，传统行业也要抓紧脚步，通过小程序在移动互联网中开拓属于自己的市场。

2.9 小程序为品牌营销带来的三大机会

2018 年，顶级腕表品牌江诗丹顿在情人节的时候，通过小程序向中国消费者推送了限定新品；同年 3 月底，奢侈品品牌爱马仕推出了小程序“限时体验店”，在上面发布了“2018 春夏男士系列”，同时网络直播了春夏男装秀……LV、Tiffany、Gucci 等知名大品牌，也纷纷投入到小程序的浪潮中。

很多具有营销意识的企业商家，都开始布局小程序。尤其是很多快消品牌，如肯德基、麦当劳、星巴克等，除了具有门店点餐功能的小程序之外，更是将小程序玩出了花样。他们意识到与消费者关系的重要性，于是开始在礼品卡上大展身手，常常创作出各种主题创意的礼品卡。消费者购买之后可以直接送给恋人或朋友，不失为一份贴心讨巧的礼物。

小程序的横空出世，给很多品牌的营销带来了新思路。它打破了传统的营销方式，为企业商家提供了新的机遇。下面我们来具体看一下，品牌商家是如何利用小程序吸引用户的：

实时查询“我的周大福”

“我的周大福”小程序是知名金饰周大福旗下开发的工具类小程序，用户可以在这个小程序上实时查询金价零售价、换购价和回购价等，进行商品核验、学习各种珠宝保养的知识。如图 2 - 10 和图 2 - 11 所示：

图 2 - 10

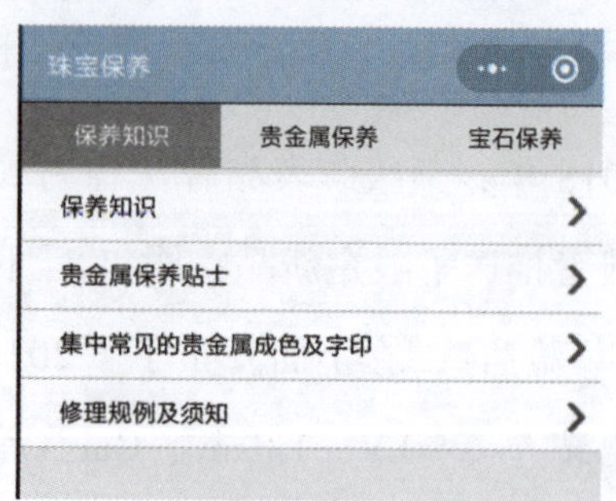

图 2 - 11

周大福开发的这款小程序，非常符合小程序“用完即走”的理念，不仅能够增加用户的信任感，而且还能够增加用户对品牌的好感。这种小程序开发成本低，获得的收益大，更重要的是，这是一个非常适合奢侈品品牌的切入点。

小程序矩阵“肯德基”

很多品牌商家通常以矩阵的方式开发小程序为用户提供服务，一般是主场景为主，特色场景、个性化触达等为辅，全方位地为用户提供简单高效的服务。以肯德基为例，它的主要小程序是“肯德基+”，同时还有“肯德基宅急送”“肯德基会员活动”“肯德基拼一拼”等辅助小程序。如图 2-12 所示：

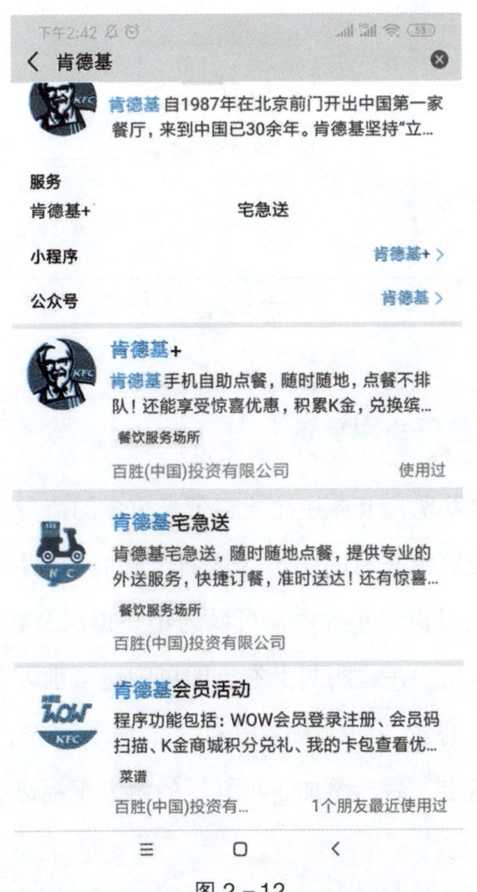

图 2-12

立减金“蘑菇街”

很多电商平台都纷纷开发了自己的小程序，这既是独立于App的新战场，又能够延伸业务。他们纷纷想出各种手段去吸引用户，比如说，蘑菇街就以赠送“立减金”的方式，如图2－13所示，鼓励用户下单。用户还可以将其分享给好友或聊天群，当有人被该内容吸引，点开插入其中的产品小程序进行下单，形成交易之后，分享的用户就可以获得奖励。

图2－13

卡券赠送“星巴克用星说”

很多企业商家发现，卡券往往能够带来更多的流量。而且，用户在赠送的过程中，还能够带来新的用户，达到企业商家利用社交裂变的目的。比如星巴克的“用星说”小程序，可以为用户提供全新的社交礼品体验，如图2－14所示。用户在线购买卡券，即可赠送给别人，可以用“咖啡＋祝福”的方式表达心意。同时，星巴克又上线了社交礼品卡小程序，用户可以在购买储值卡之后，添加各种好玩的贺卡祝福语送给别人。

图 2－14

总而言之，小程序的功能可以是各种各样的，但是必须要契合品牌的用户定位和自身需求。小程序虽然可以直接连接线上线下，但是如果企业商家盲目开发，很可能投入成本后无法获得收益，得不偿失。

小程序最大的价值就是拉近品牌和用户之间的距离，随时随地提供服务。因此，品牌商家在研发小程序的时候，功能要尽可能地接地气，从用户的角度出发，和用户建立情感联系，这样才能在最大程度上留住用户。

其实，品牌想要上线小程序并不困难，难的是后期维护、更新和优化。一个小程序只有与时俱进，不断给用户带来新鲜感，才能吸引和留住用户。如果只是上线之后就不管了，用户遇到问题也不能及时反馈和解决，那么小程序前期做得再好，也很难长期吸引用户。

掘金风口：小程序给创业者带来的机会

3.1 5G 来了，创业者如何抓住小程序带来的机遇

5G 时代即将来临，小程序能够给创业者带来很多新的机遇，iDS 大眼睛小程序创始人于小戈就是一位非常成功的创业者。因为小程序，她不但挽救了濒临破产的公司，还创造了一个营销神话。

于小戈在开发小程序之前，已经是一位知名博主，并且开发了两个不叫座 App。在公司快要破产的时候，她接触到了小程序，并且快速上线了“iDS 大眼睛”小程序，之后又上线了“大眼睛买买买商店”和“大眼睛买买买全球店”两个小程序。这两个小程序在 2017 年“双十一期间”，取得了两千多万元的销售额，用户的复购率达到了 47% 以上。而且，在开发运营小程序期间，她担心的小程序用户和 App 产生冲突的问题并没有发生，随着知名度的提高，二者的用户数量都在稳定上涨。

“iDS 大眼睛”小程序为什么会获得成功？产品定位是关键。于小戈同时做了三款小程序，并且根据不同的用户需求进行了不同的产品定位，如图 3－1 所示。

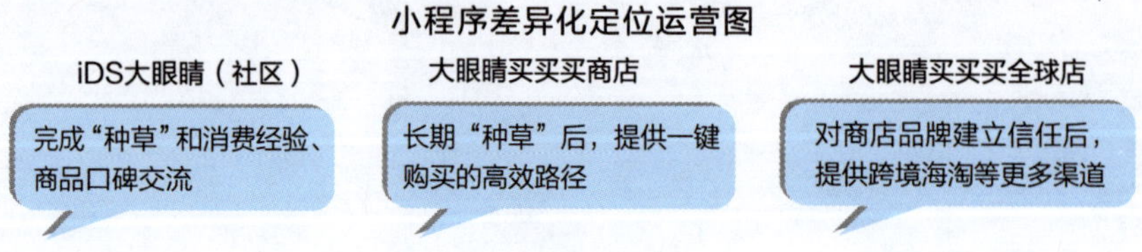

小程序差异化定位运营图

iDS大眼睛（社区）	大眼睛买买买商店	大眼睛买买买全球店
完成“种草”和消费经验、商品口碑交流	长期“种草”后，提供一键购买的高效路径	对商店品牌建立信任后，提供跨境海淘等更多渠道

图 3－1

不同的产品定位，显然能够在最大程度上吸引用户关注。比如说，"iDS 大眼睛"就是以内容和社区取胜。它为美妆达人搭建了一个与用户交流的平台，用户在这里不仅能够看到妆后效果，还能够与美妆达人交流，遇到适合自己的妆容，很容易为其付费。

从于小戈开发小程序的经历中，创业者可以看到，如果想要抓住小程序的红利，要遵循以下三个原则：

快速上线：不论做什么，时间都是取胜的关键，很多成功者都敢于做第一个吃"螃蟹"的人。所以，不要犹豫，快速定位产品特性，然后立刻开发小程序，走在别人前面，你就有机会取得成功。就像"大眼睛买买商店"和"大眼睛买买买全球店"，可以说是国内第一个提供国内外小众精品商品和海淘购买的小程序。

快速交易：想要盈利，就要让买家产生购买行为，不要给用户犹豫的时间，争取在两分钟内促使交易完成。比如说，你可以创建一个"限时购买群"，给用户制造紧迫感和稀缺刺激，促使用户购买。或者，你可以在小程序中添加拼团功能，但不同于 10 人或者多人拼团模式，你可以设定为只需 2 位用户即可成团。用户等待片刻后，就可以在短时间内达成变现转化。

快速创新：创新能够保持小程序的活力和留存用户。创业者并不是开发出小程序之后，就可以放任不管，而是需要不断地优化完善，带给用户更好的体验。比如说，"转发"功能，普通的小程序一般放置在目标页面上，而"iDS 大眼睛"却放到了"邀请有奖"中，用户分享之后，被分享人只要登录小程序，分享人就能够领取奖励。

从于小戈创业开发小程序的经历中也可以发现，她并不是在小程序上线之后就完全不管了，而是在不断地想各种营销方法，让更多的人知道和使用她的小程序。

所以说，创业者在小程序上线初期，同样也需要想办法让更多人知道你的产品。否则你的产品再好，用户不知道也就不会为你带来流量和收益。对于小程序上线初期而言，圈粉是关键。想要快速吸引用户关注，小程序的触达力和游戏感很重要。

触达力可以帮助你获取更多的用户和流量；游戏感则是增加用户使用小程序的体验感，及时给用户反馈，让用户在使用小程序的过程中产生愉悦感。这就大大增加了用户留存的概率。并且，这种愉悦感会促使他们去分享小程序，无形中推广你的产品。

当然，创业者也可以通过社交化的精准传播方式吸引用户关注。比如说，在一些社交平台，采取裂变模式建立一些闪购群，让群内成员互相交流，互相刺激消费，并且不断邀请他人加入。当有了一定用户基础之后，根据大流量的用户需求精准地定位产品，进而开发满足不同需求的小程序。

当你的小程序有了一定用户基础之后，怎样留住这些老用户并且不断发展新用户，就是创业者接下来需要思考的问题。策划优惠活动，或者是添加一些更加有趣的玩法，让粉丝真正地互动起来，去分享传播，小程序才能算是真正运营成功。

小程序是连接线上线下的工具，创业者可以通过渠道搭建、流量补给的方式，将其搭建成供应链服务、销售引导等一体化平台，让用户成为小程序的忠实粉丝。

3.2 BAT都有小程序了，创业者选择谁

“BAT”中的B是指百度（Baidu），A是指阿里巴巴（Alibaba），T是指腾讯（Tencent），也就是说百度、阿里巴巴和腾讯都推出了自己的小程

序平台。小程序平台越多，创业者的选择就越多。但前提是创业者要先弄清楚，你的产品究竟适合哪一个小程序平台？

B：最直观的百度小程序

百度小程序可以说是最符合小程序“用完即走”的特点了。在小程序出现之前，百度就开发运营了“无需下载、即搜即用”的轻应用，定位是“不需要下载应用，只要搜索就能使用”。

除了和微信小程序的“用户和开发者的对接方式”有些差异之外，其他并无太大区别。为了打破“移动互联网僵局”，百度将小程序放在了百度主产品最显眼的位置，能够让用户一眼就看到，完全没有寻找障碍。这样直观的设置能够让创业者的产品非常容易被用户找到。

百度小程序更加直观的是它的核心场景，大部分场景都是建立在“等搜索”的前提下，用户根据自己的需求搜索，就能够直达场景。这种引流方式能够给创业者带来更精准的流量。

A：应用环境下的支付宝小程序

很多创业者在创业初期会面临这样一个问题：用户在刻板印象下，会更多地关注这个小程序是否能够提供有效的解决方案和使用体验。一旦某一项不能满足用户的需求，他们就会对小程序产生失望心理。支付宝小程序却给了创业者一定的感性缓冲空间。

相对于微信小程序而言，支付宝小程序的“工具属性”更加鲜明。它多应用于支付、电商这两个核心场景，往往会涉及用户个人信息和金钱等比较敏感的元素。所以，这样的场景就会要求开发者与用户在更加真实、有效、安全的场景下进行交互。这在一定程度上会大大增加用户对小程序的信赖感，甚至可以提高转化率。

在BAT三家小程序平台中，阿里巴巴是第一家设定“信用体系”的小程序平台，这能够帮助创业者获得一个质量相对较高的用户群，不需要创业者进行二次筛选。

同时，支付宝小程序除了提供“附近的小程序”“小程序间跳转”“消息中心”等标配的场景入口外，还增加了“行业频道”入口，能够帮助用户快速进入相应的功能场景，比如生活缴费、城市服务、医疗健康等，让用户的生活更加方便。

因此支付宝小程序平台更加适合“承载能力有限、体量较轻”的小程序。如果你想要提高小程序针对用户群的质量，并且对自己的产品充满信心，就可以选择支付宝小程序平台。

T：社交基因下的微信小程序

微信小程序作为第一个上线的小程序，是最多用户的选择。微信平台的大流量，可以为创业者的小程序提供大量的获客渠道，让创业者具备获得规模收入的能力。同时，运营到现在，微信小程序平台已经拥有了官方示范的“成熟模板”。

比如说，“欢乐斗地主”的小程序，点击可以直接进入游戏。在主界面大概有4个入口可以直接连接到用户的个人社交关系中，如图3－2所示。它们是：个人信息、排行（了解朋友信息）、经典模式（和陌生人组局玩游戏）、分享有奖（分享给好友或者微信群）等。

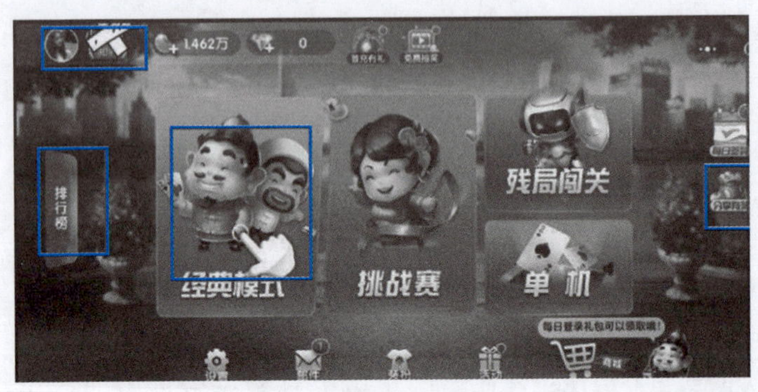

图3－2

在这个小程序中，以用户为一个点，成辐射状地将小程序传播到用户的社交圈中，让更多的人知道，进而使用小程序。

微信生态内的很多小程序都会受到“社交”场景的影响，对于一个新产品而言，其好处就是在缺乏市场认知度的前提下，可以充分利用现有的资源。

但是，通过“社交”场景吸引来的用户并不是你的真实用户，很少能够产生购买行为。你必须找到产品的核心场景，并且让它成为用户的刚需，才能够真正地将小程序做起来。

如果你的产品定位需要一批由“社交”驱动的原始流量，并且想要快速让更多人知道你的产品。那就在搭建小程序的时候，选择微信小程序平台。

“用完即走”是小程序与用户之间最理想的交互模式，并且可以为创业者的产品吸引一大部分带着消费目的而来的用户。如果你的小程序符合以上特点，并且想要吸引精准流量，那就选择百度小程序平台。

创业者不管选择什么样的小程序平台，都要根据自己的产品特性来决定，不能盲目看哪个好就选哪个，那样只会事倍功半。

3.3 小程序已经上线两年了，创业者还有发展前景吗

自从2017年1月9日微信的第一款小程序上线以来，至今已有两年时间。经过两年的发展，小程序带给用户的收益越来越多，终于迎来了爆发式的增长。小程序的巨大流量吸引了众多企业商家入驻，凸显了其强大的生命力。

但是，各行各业的小程序越来越多，也让很多创业者怀疑是否要开发

一个自己的小程序。他们认为，在开发小程序的浪潮中，自己已经远远地落在了后面，即使开发了小程序也很有可能享受不到红利。

其实，这个认知并不全面。可以说，小程序的发展潜能才刚刚被释放出来，未来有无限的发展可能。尤其是微信、百度和支付宝等大型应用纷纷推出小程序平台，将给创业者带来更多的流量和机遇。当 5G 时代来临之后，小程序的使用场景无处不在，它将取代 App 成为人们生活的必备品，那时候才会真正地迎来全民小程序时代。

所以说，创业者现在开发小程序并不晚，依然能够凭借小程序获得收益。因此，创业者不需要犹豫，只要有想法就可以大胆地去做。

其实，决定小程序成功与否的关键因素，并不在于时间，而是在于创业者是否能够开发出吸引用户、满足用户需求的小程序和是否能够找到正确的运营方式。只要你的小程序能够满足用户的需求，不论什么时候开发都不算晚。当然，如果你能够发现一个新的开发方向，就能够吸引更多的粉丝用户。在小程序的风口上，创业者可以从下面几个方向开发小程序：

痛点工具类小程序

不论是什么行业的小程序，能够抓住用户的痛点，就能够将用户变成你的忠实粉丝。所以，创业者可以分析一下你所在行业用户的痛点是什么，然后针对用户的需求做一个工具类的小程序，让用户的问题能够在你的小程序中找到答案。比如说，“iDS 大眼睛”小程序，从一开始就是和女性美妆有关的小程序，如图 3－3 所示。爱美是女人的天性，在这个小程序上，用户不仅可以观看学习各种美妆视频，还可以和美妆达人进行互动，参与各种话题，如图 3－4 所示。所以，如果创业者想要利用小程序来推广自己的产品或者服务，一定要分析清楚当下用户的痛点是什么，“对症下药”才能留住用户。

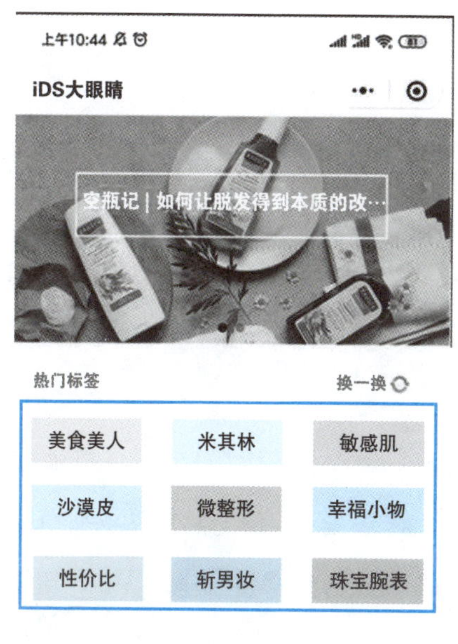

图 3－3

图 3－4

社交类小程序

图 3－5

社交类小程序的优势就是能够最大程度地连接人与人。每个人都会有渴望社交和与人互动的心理，创业者如果能够通过小程序营造一个强有力的社交互动场景，使用户的需求得到满足，用户就会愿意将其分享转发，从而引来大批流量，创业者开发小程序的目的也就达到了。比如，有一个比较火的社交小程序“群印象”，就是通过用户对自己定义，然后将其发送到朋友圈或者是群聊中，让更多的人认识自己，达到与人互动的目的。如图 3－5 所示：

知识付费类小程序

知识付费类的小程序，从本质上说就是为用户提供服务，解决问题，可以节省用户的时间，提高效率。这一类型的小程序，依托的就是平台巨大的流量和强大的关系链，还有用户越来越强的为知识付费的心理。如果创业者在某一个领域具有专业知识，便可以搭建一个这样的小程序，实现知识变现。

当然除了这三种类型的小程序，还有很多不同类型的小程序等着创业者发掘。除此之外，创业者找到正确的小程序营销方向，才能够不断拓展新用户和留住老用户。在小程序刚推出的时候，很多企业商家并不知道该如何去营销，往往会走很多弯路。经过两年的发展，小程序的市场已经初具规模，很多企业商家也给出了成熟的营销模板，创业者在初期可以从中借鉴很多成功的经验。

随着小程序的发展，它提供的场景入口也越来越多。比如说，小程序搜索、历史记录、线下扫码、附近的小程序、群分享、朋友圈分享、App跳转、线上识别小程序等。创业者如果能够将这些场景入口充分利用好，就能够保持用户持续增长的态势。

创业者也要注意小程序页面的设计，虽然小程序主打简单快捷的特点，但这并不代表它的设计粗糙。粗糙的页面只会给用户带来不愉悦的体验。因此，创业者在设计小程序页面的时候，可以主打极简精致的风格，用户常用的功能都要设计上。当然，也可以想一些别致的功能放在小程序首页。

在上线初期，创业者还要不断制造有趣的内容专题，引导用户关注。很多时候，通过内容包装产品、引起用户的共鸣，能够有效提高用户的转化率。

总而言之，如果创业者再继续犹豫，很可能就真的会错失小程序开发的最好时机。越是喜欢犹豫的人，越难以取得成功。因此，当你有了想法，并且分析好了产品定位和市场前景之后，就要放手去做，就算遇到困难也不要轻易放弃。

3.4 小程序+新媒体，创业者如何实现收益

新媒体这个词，相信很多人都不陌生。在数据可视化的今天，很多创业者通过新媒体引入了大量的流量，最终实现流量变现。但是，随着市场的饱和，新媒体创业者的运营越来越艰难。这个时候，小程序的出现给很多新媒体创业者带来了新的机遇。

小程序和新媒体相结合，不仅给创业者带来了大量的流量，还开发了新的玩法。当下很流行的一种玩法就是通过“集碎片”“集字”的活动，给小程序带来很强的裂变性。比如，“深圳生活君”是一个比较知名的深圳本地生活资讯公众号，经常会发布一些五星级酒店自助餐的免费试吃活动，通过“集字”的玩法，吸引并引导用户将其小程序卡片转到聊天群中，以获取抽奖机会。具体操作步骤是：

步骤一：用户发现了“自助餐免费试吃活动”并分享到聊天群中，聊天群中的其他成员看到之后，感兴趣便会点进去。如图3－6所示：

图3－6

步骤二：用户点击进入小程序之后，便会自动生成显示抽奖的页面，如图3－7所示。点击“我要抽奖”按钮，便会弹出中奖

卡片，如图3－8所示。用户可以根据页面提示连续抽奖三次，得到其中的三个字。

图3－7

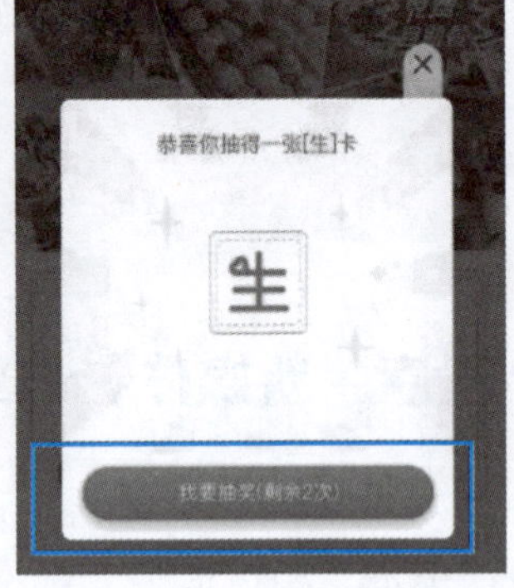

图3－8

步骤三：用户抽奖之后会得到“深圳生活君”这五个字中的三个，但是，三次抽奖机会已经用完。这时候，旁边的“求助群友”按钮就派上了用场。用户只需点击“求助群友”将活动卡片分享到聊天群中，就能够再获得1次抽奖机会，如图3－9所示。如果用户继续分享，就达到了小程序研发者的目的。

图3－9

在生活中，“免费”“降价”“买赠”等这些字眼，特别能吸引人们的眼球。新媒体创业者在利用小程序实现流量变现的时候，不妨在小程序中设置一些类似的抽奖活动，鼓励用户不断转发，进行小程序的裂变以获取更多用户。

很多新媒体创业者都会建立自己的公众号，利用公众号来吸引、留存用户。创业者可以将公众号当作是主要运营产品，小程序作为辅助产品，用小程序引导用户关注公众号，利用小程序的巨大流量来增加公众号的人气。反之亦可。

当然，在研发小程序的过程中，创业者同样也要注意一些细节问题，比如说，在小程序的底部或者是右侧增加活动栏，引导用户关注公众号之后即可获得三次抽奖机会；或者是将“抽奖”这种比较明显的标语放在比较显眼的位置。

其实，小程序和新媒体结合的方式有很多，除了公众号之外，还可以将短视频和小程序结合。比如说，创业者制作一个短视频小程序，上传一些非常搞笑的短视频，但是在视频播放到高潮部分时，提示用户需要转发才能继续观看，以此鼓励用户分享，通过裂变的方式获得流量。

现在，有很多大型企业商家都会通过集字或者集碎片的抽奖活动来聚集人气，并且事实也证明这是一个非常好的营销模式。创业者要学以致用，善于从已经成功的案例中汲取经验，并运用到自己的小程序中，不断优化完善，提高用户的使用体验。

3.5 小程序+轻功能，创业者升级新玩法

小程序上线以来，各种功能不断完善增加。比如说，小程序任务栏中已经上线的“我的小程序”功能，可以方便用户管理自己的小程序，就像管理手机桌面的 App 一样，随用随存，不用下载，如图 3-10 所示。

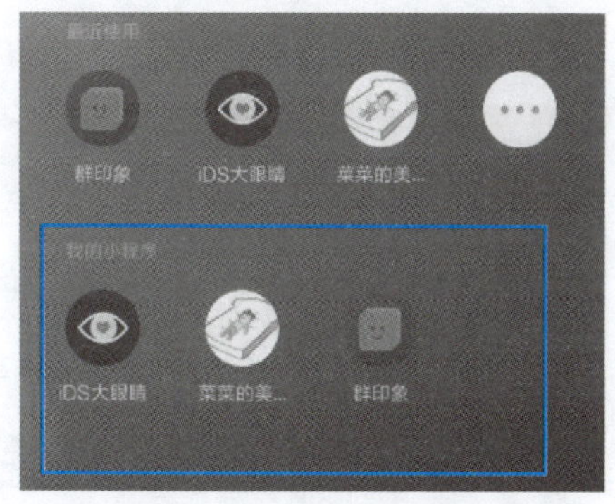

图 3-10

除此之外，小程序的场景、消息、性能与广告变现等功能也将获得升级。不断被赋予新功能的小程序，已经被创业者当作为用户提供服务的新

工具，“不同的小程序+不同的轻功能”，能够为创业者提供多种不同的开发和运营思路。

场景升级，就是小程序平台开放了品牌、品类搜索功能，用户可以在搜索栏直接搜索品牌名称，然后直达小程序；消息升级，就是创业者可以利用订阅消息、群静态卡片和群动态消息等方式来吸引用户眼球；性能升级，就是企业商家可以将小程序分包给第三方来进行性能优化，以保证小程序的研发顺利进行、性能更加优越；广告变现升级，就是小程序降低了门槛并提供自助服务，让创业者获得更多收益。

每一次功能的升级，都能够给创业者带来更多的机会。创业者利用“不同的小程序+不同的轻功能”组成一个小程序矩阵，让整个小程序生态玩法升级。

小程序被喻为轻应用，这和它不用下载、使用方便快捷的特点有关。但是这同样也存在弊端：小程序无法深度完善用户功能。未来，在小程序实现了连接、互通的功能之后，这一问题就可以解决。每一个小程序都能承载一个具体的服务，然后小程序之间互相连接，不断补充、完善主产品。对于创业者而言，多个小程序互联，可以不断弥补小程序的弊端，而且可以不断扩张服务版图。

除此之外，小程序还有很多功能，能够帮助创业者更好地吸引用户，这些功能包括：

触达功能

用户在使用小程序搜索的时候，直接输入关键词，就能够触发小程序，直接显示相关服务或信息。比如说，如果用户搜索“美食”，就可以直接在小程序中显示出与美食相关的服务内容，如图3-11所示。

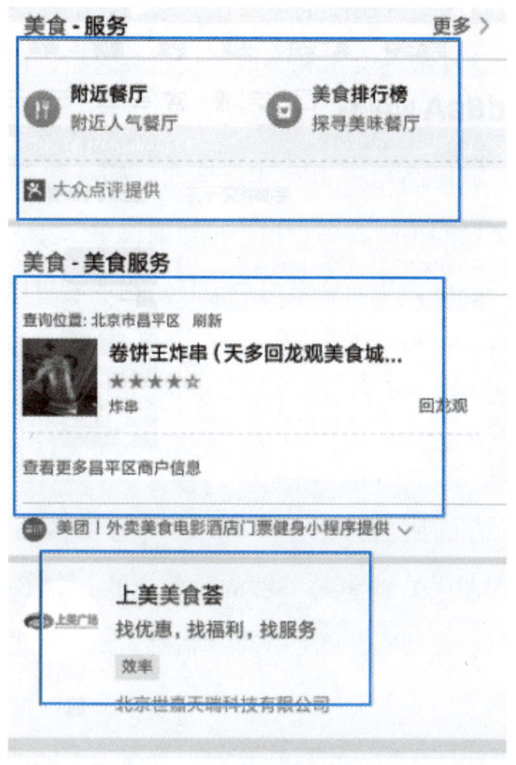

图 3 - 11

触达功能可以让用户直达小程序，缩短了小程序和用户之间的距离，以此来获得大量线上流量。利用触达功能，创业者还可以直接发送模板消息给老用户，让用户可以在小程序内联系客服，享受各种服务，如通知用户订单信息、提醒用户新活动、物流状态变更等。创业者可以通过多次触达用户，实现二次营销的目的。

卡券功能

创业者可以在小程序中开放领取会员卡和优惠券的功能，凭借会员卡、优惠券等各种优惠信息，快速吸引用户的注意。当用户真正享受到优惠之后，便会转化成忠实的粉丝，转化率也会大大提高。

很多时候，会员和支付往往是连接在一起的。小程序的卡券功能便是该连接的补充。用户在成为会员和领取了优惠券之后，便会自然而然地去消费。

卡券功能还能够提高用户留存和复购的几率。如果用户成为会员之后，在使用小程序期间不断收到小程序推送的优惠卡券，就会产生一种不使用就是吃亏了的心理，从而刺激用户消费。创业者可以充分利用这一功能不断将普通用户转化为忠实会员。

LBS 功能

LBS 是基于位置的服务，通过移动电信等运营商的无线电通讯网络（如 GSM 网、CDMA 网）或者是外部的定位方式，如 GPS 功能，获取移动端用户的位置信息。其实，就是在地理信息系统平台的支持下，为用户提供相应的增值服务。

当用户打开小程序之后，可以在页面上看到基于地理位置的小程序自动推荐，这就是“附近的小程序”功能。而且，在附近的小程序页面，自动添加了“美食”“酒店”“出行”“生活服务”“购物”“商超”等标签，方便用户精准筛选。

创业者在开发小程序并设置标签之后，小程序就会自动进行垂直领域细分，使新的小程序迅速获得大量曝光的机会。用户在使用小程序的时候，为了方便，自然会选择离自己最近的。

不同的小程序连接不同的功能，能够产生不同的效果。创业者在初期制作好自己的小程序之后，基础功能一定要有，这样才能够给用户一个好的体验。当有了一定的用户基础之后，创业者便可以开发更多不同的服务辅助小程序，连接更多不同的功能，最大程度满足用户需求，达到留存用户的目的。

3.6 小程序八大赚钱模式，创业者该如何选择

小程序上线之后，为创业者们提供了一个新的思路。在市场上，企业商家经过探索和发展，开发了几种比较成熟的小程序盈利模式。当创业者在初期经历迷茫、不知道如何入手或者是从哪个方向出发做小程序最好时，这些已经总结出来的盈利模式能够为创业者提供启发。

纯小程序创业

这种模式适合已经有了自己 App 的商家，他们需要开发一个小程序与现有的 App 相辅相成，对产品的功能进行延伸。比如说，滴滴、大众点评、摩拜单车等，利用的就是小程序的高扩散性，以解决 App 传播率低的问题。

或者是将小程序完全当作是搭载功能的工具，一个小程序代表了一个功能，创业者可以设计一个全新的有特色的小程序，来实现营销目的。比如说，形色识花、亲戚关系、手持弹幕等。

当小程序有了一定的用户基础之后，创业者就可以根据用户画像来实现流量变现。用“手持弹幕”来举例，它的使用场景大多是在演唱会，用户群体定位为粉丝，创业者便可以在小程序中添加购买明星周边产品的功能，实现流量变现。

小程序商店

小程序商店，也就是小程序聚合平台。创业者可以开发一个小程序平

台，在前期收录所有小程序，进行免费展示。只要用户进入你的小程序商店，不论有什么需求，都能够得到满足。等到访问量和转化量均有所提高之后，自然会有小程序商家向你寻求合作，创业者便可以凭借摊位费、推广费等获取收益。比如，“第九”“点点”等模式的小程序商店。

小程序服务商

这是小程序市场上最普遍的盈利模式，创业者可以凭借自己的技术为用户提供定制开发服务，或者为不懂技术的代理商提供技术支持。

小程序在线制作平台

如果创业者拥有一定的技术水平，便可以研发一个小程序在线制作平台，通过 SaaS 技术和小程序逻辑相结合，让用户通过在线打字传图、简单拖拽，几分钟就可以搭建一个小程序，不需要自己写代码或者是找外包，简单、方便、快捷。类似的有“双渔小程序”，如图 3－12 所示。

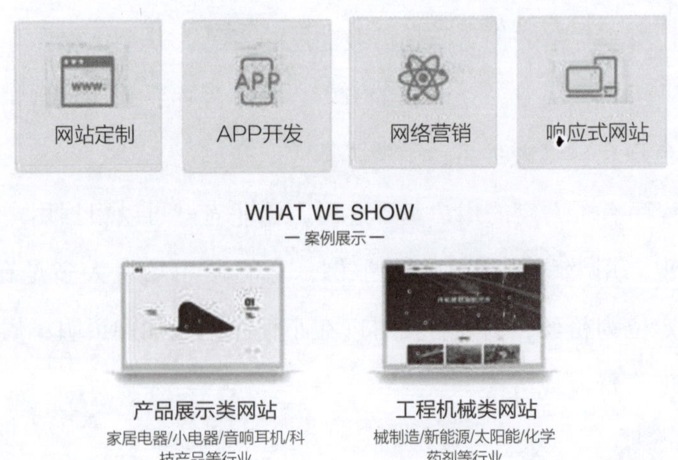

图 3－12

内容电商小程序

这是最简单的小程序盈利模式。创业者可以在公众号、微博等内容平台发布优质内容，并且在文章中插入小程序卡片或者是小程序代码，读者在阅读的时候，被内容吸引，并且产生购买冲动，进而点击进入小程序购买商品。用户还可以参与互动讨论，提高使用体验，增加对小程序的忠诚度，比如“美丽说”这样的小程序，如图 3－13 所示。这样，创业者就能够实现内容购买的转化。

图 3－13

社群电商小程序

移动社交在人们生活中所占的比重越来越大。创业者恰好可以利用这一点，通过不同的社交玩法，让小程序直达用户群，从而引发购买行为。其实，社群和内容电商相结合，就是将以往的 H6 商城替换成小程序。但是因为小程序的触达功能更快更准确，所以能够产生更好的引流效果。

O2O 服务

O2O 服务，简单来说，就是线上线下相结合，让互联网成为线下服务的平台。创业者可以将小程序的强引流性应用到 O2O 服务中，将用户引流到线下门店，促成流量转化。我们不妨以美食为例，消费者可以利用附近的小程序、群分享、文内广告等途径进入商家的小程序，领取优惠券、会员卡等优惠，进店消费。

在消费之后，商家还可以留存用户信息，建立会员体系，通过问卷调查进一步了解用户的消费习惯、喜好，向用户推送特价菜和会员优惠。比如说，“i 麦当劳”小程序，如图 3 - 14 所示。

图 3 - 14

小程序周边服务

创业者除了可以研发小程序获取收益之外，还可以通过小程序的周边服务来获取红利。比如说，小程序行业数据统计分析、小程序联盟、小程序资讯媒体等。这是一个潜在的巨大商机，很多小程序商家也许只会基础的运用，如果创业者这个时候能够为商家提供更精准的服务，就能获取大量红利。

当然，不论创业者要从哪一个方向研发小程序，都是越早启动越好，时间就是金钱，越早启动，就能越早获取收益。

在研发小程序的过程中，创业者还要注意以下几点：

第一点，设置精准的关键词。小程序的关键词要精准有效，这可以让用户在搜索小程序的时候更加容易找到。而且，关键词被频繁触发，能够给小程序带来更多的流量，形成一个良性循环。

第二点，名称的唯一性。创业者在注册小程序的时候，名称是具有唯一性的。这就意味着，如果创业者在起名字的时候随便想一个，很可能会给后续小程序运营带来一系列恶劣影响。所以，创业者在注册小程序的时候，一定要事先想好命名和简介，最好能够带上关键词。这样，用户在搜索关键词的时候，就会优先显示你的小程序。

小程序的发展具有无限的可能。同样，它的更多盈利模式也等待着创业者去发现。创业者在研发小程序的过程中，要不断学习，与时俱进，这样才能够在小程序的浪潮中生存下来。

第四章

手把手教你制作一款获利的小程序

4.1 零基础，如何搭建小程序

最新数据显示，微信小程序的数量已经超过200万个，苹果App Store曾经努力10年积累的App数量被微信用了两年的时间赶超，我们正在步入小程序的时代。

作为零基础的运营者，想要在微信平台搭建一款属于自己的小程序并不难，需要按照注册、信息完善、代码审核与发布这3大步骤来进行上线发布。

注册

运营者需要登录微信公众平台官网并点击右上角的“立即注册”按钮，如图4-1。

图4-1

运营者需要首先在“请选择注册的账号类型”页面选择“小程序”；然后正式进入注册平台，填入未注册过公众平台、开放平台、未绑定个人微信号的邮箱地址并进行激活；最后填入主体信息和管理员信息，就可以完成注册的步骤。

在验证主体信息时，运营者可以选择在 10 天之内用公司的对公账户向腾讯公司汇款进行主体身份验证，也可以直接支付 300 元，通过微信验证主体身份。

信息完善

在注册通过审核后，运营者需要再次打开微信公众平台官网首页进行登录，开始完善小程序的信息。

之前选择向腾讯公司汇款的运营者，可以通过两个步骤来补充小程序的名称、图标、描述等基本信息并添加开发者，最后可以提交代码进行版本发布，如图 4 -2 所示。

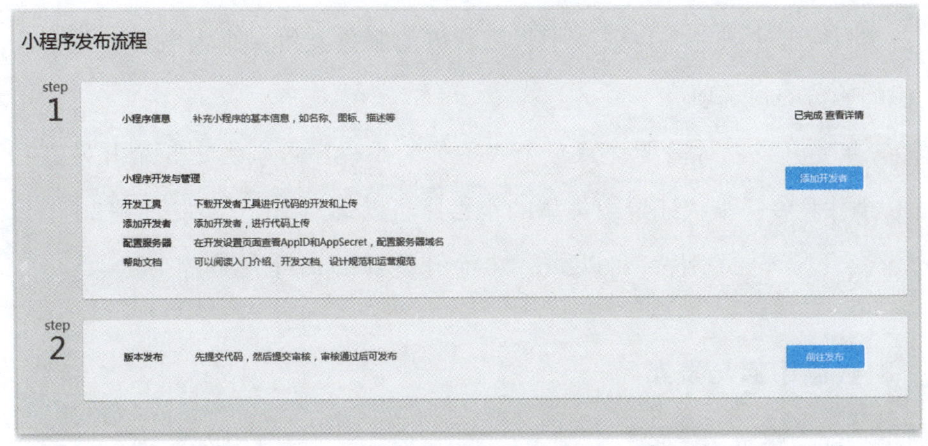

图 4 -2

而之前选择通过微信验证主体身份的运营者，需要先完成微信认证后，才能补充小程序的信息和版本发布，如图4－3所示。

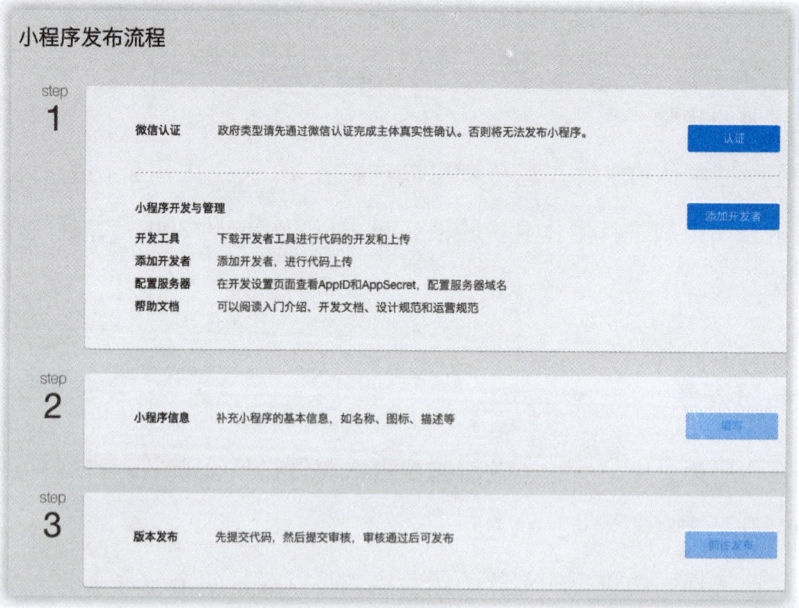

图4－3

在运营者填写服务类目时，需要按照小程序官方的《小程序开放的服务类目－非个人主体》或《小程序开放的服务类目－个人主体》选择正确的服务类目选项。

绑定开发者时需要注意，个人主体的小程序可以绑定5个开发者和10个体验者；未认证组织类型的小程序可以绑定10个开发者和20个体验者；已认证的小程序可以绑定20个开发者和40个体验者。

代码审核与发布

当小程序的代码编写完毕后，运营者需要前往“开发管理”页面上传小程序代码，如图4－4所示。

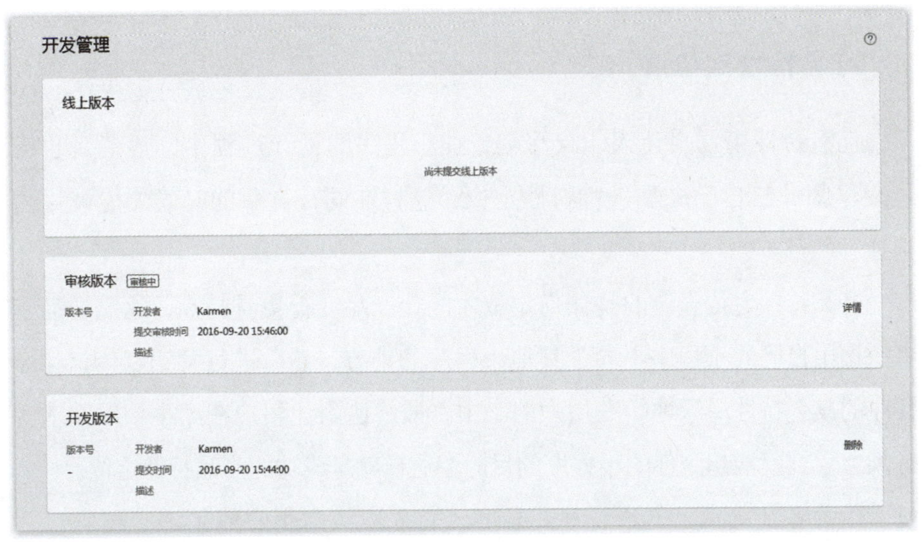

图 4－4

填写审核信息时，运营者需要在“配置功能页面”填写小程序的类目与标签，并提供测试账号的入口供小程序官方审核人员进行登录，等待官方审核通过后，小程序就能够进行上线发布。

在小程序的设计过程中，运营者应该遵守微信官方提供的设计文档，保证小程序能够展示得友好礼貌、清晰便捷、统一稳定，同时字体、列表、表单输入、按钮和图标的设计也要遵守相应的视觉规范。

4.2 精准定位，制定相应的开发策略

从创业者的角度看，入驻微信小程序是一个很好的机会。只有运营者在设计的起步阶段为自己的小程序明确定位，才能设计出吸引用户的小程序，从而将效益最大化。而在明确小程序定位时，运营者可以按照以下 3 种方法进行规划。

产品特性定位法

拥有特性事物会让人印象深刻，在小程序的设计过程中，运营者也应该绞尽脑汁给自己产品进行特性定位，这样在同行竞争的时候才能被用户记住。

产品特性定位强调的是如何定位才能让产品变得更具特点，这需要运营者挖掘出自己的小程序不同于其他小程序的地方，然后进行营销宣传，让小程序的某个特性深深地印在用户的心中，最终达到让用户在产生相应需求的时候，立刻就能想到你的小程序的目的，这样就是成功的产品特性定位。

运营者在给自己的小程序定位时，首先应该向用户清楚地介绍它，并展示自己的小程序具有其他小程序不具备的特点，告诉用户他们的某些使用需求只有这款小程序才能满足。当用户在搜索过程中对你的小程序的某个特点产生兴趣时，就证明你在产品特性定位方面已经成功了。

抢占第一定位法

一谈起空调，很多人都会想到“好空调，格力造”，这就是因为在空调领域格力抢占了早期市场，并得以发展壮大。在很多用户的心中都会有先入为主的概念，同一类小程序中，谁先让用户记住，用户就会认为它是最好的，即使再使用其他小程序也不会再有这样的评价。

做一款小程序，如果做出的产品特性和功能已经被之前的其他小程序具备，那么这款小程序就很难赢得新用户的青睐。所以对于运营者来说，在设计时应该把目光放得长远一些，尽量让自己的小程序设计出之前从来没有过的功能，进而抢占第一市场，这才是极其重要的。

为了寻找出与众不同的小程序功能，运营者需要重新认识自己的产品和同类产品，在功能大致相同的情况下找到一些细小的差别，并抓住差别进行重点开发，就可以抢占小程序在某方面的第一市场。

如果暂时没有第一市场，运营者还应该学会“创造第一”。例如，感冒药一直以来都因为容易产生疲倦感而被人们诟病，但是“白加黑”推出后，他们打出的口号“白天服白片不瞌睡，晚上服黑片睡得香”，重新为感冒药进行了定位，成为抢占新式感冒药市场的第一名。

没有第一市场实际上是件好事，运营者可以在待开发的定位上有所突破，用创意去创造新的市场需求。小程序现在才刚刚起步两年多，还有很多领域处于空白状态，运营者完全可以将产品定位放在空白领域，创造出无限的可能。

市场专长定位法

与抢占第一的方法不同，市场专长定位法需要运营者努力做某个细分领域的专家，从而使自己的小程序在某个市场上处于领先地位。

很多企业都会在初期选定某个特定业务来进行发展，在某个领域达到领先地位后，自然可以凭借用户数量去推广其他产品。例如，海尔电器有空调、洗衣机、热水器、电视等多种产品，但是最为用户熟知的就是海尔冰箱；QQ 目前有支付、直播、附近的人、购物、阅读等多个功能，但大多用户都会认为 QQ 是一款聊天软件。

运营者在规划小程序的定位时，可以专注于某项功能，并将这个功能作为产品的重点进行维护和发展，争取形成自己小程序独有的特色，成为某个类目下小程序的顶尖品牌。

4.3 针对用户的痛点设计小程序

想要让小程序迎合用户的需求，那么就需要抓住用户的痛点，然后设计出小程序中的具体内容和服务。在一定程度上，每处用户的痛点，就是小程序的卖点，也是小程序发展的巨大机遇。

亲身体验，寻找用户痛点

现在很多爆红的小程序起初只是为了满足用户的某个痛点，解决这个痛点后，就会吸引更多的用户加入。运营者为了设计出用户所需的小程序，就需要亲身试用产品和竞争对手的小程序，在体验中进行寻找。

“课程格子”这款 App 是李天放在 2012 年发明的，目前注册用户已经超过 1000 万。这款应用之所以能够获得成功，在于李天放的运营团队成功抓住了很多大学生的痛点。

大学里的课程科目多，需要在各个教学楼之间相互穿梭去上课，而且还有很多课有单双周之分，导致很多大学生常常忘记去哪儿上课、上什么课。李天放自己也曾是一名大学生，所以他在总结其他竞品的经验后，才发明出受人欢迎的“课程格子”。如图 4-5 是小程序“课程格子”的欢迎页面。

图 4-5

广泛开展用户调查，从数据中发现问题

用户永远是痛点的发现者，运营者如果只是偶尔进行体验，通常并不能发现大多数用户在使用过程中面临的问题，因此对于小程序的运营者来说，在产品进入市场后，需要在用户量减少或营业额减少时，及时进行用户调查，从调查的结果中发现问题，这也是准确找出用户痛点的好方法。

QQ 问世后用户量一直在直线上升，并在 2016 年末达到 8.68 亿的峰值。2017 年一季度，QQ 月活用户下降 1.9%。通过对很多用户调查后，腾讯发现 QQ 本身丰富的娱乐功能被很多走向工作的年轻人所诟病，纷纷选择使用其他办公软件代替 QQ。

图 4-6

于是，腾讯在 2017 年 3 月 1 日及时推出了主打简洁办公的“腾讯 TIM”替代 QQ 缺失的办公功能，用户使用 QQ 账号即可轻松登录无广告、无娱乐产品、清爽精简、可多人在线协作编辑文档、能够安排日程管理的 TIM 进行日常办公。图 4-6 是“腾讯 TIM”的主页面。

现在，利用微信小程序完善的后台数据体系，运营者可以从用户的喜好和习惯中挖掘隐藏的信息，并通过在线询问、填写问卷、有奖回答等方式与用户互动，从而明确自己小程序存在的优缺点并进行调整，使其进一步满足用户的需求。

学会倾听抱怨并留意用户行为

如果小程序的运营者采取的是“线上＋线下”模式，还可以与进店的用户直接交流，通过倾听用户的抱怨，找出小程序开发过程中忽略的痛点。只有将用户的吐槽和抱怨当作是小程序前进的垫脚石，攻克了用户反映的痛点问题后，才能使自己的小程序有一个巨大的飞跃。

线下店铺在不方便询问用户时，可以通过观察用户的行为去发现一些关键问题，从而改善自己的产品设计。一般情况下，很多消费者在购物时都是放松的，他们的行为并不会有所掩饰。

美国沃尔玛超市的数据分析人员曾发现，每到周末时购买啤酒和尿不湿的用户就会增加。通过对用户购买行为的观察，他们发现这些顾客具有以下特点：购买者主要为已婚男士；他们家中有年龄不到两岁的孩子需要尿不湿；他们喜欢在观看体育比赛的同时喝啤酒；周末通常是体育比赛播出的时间。通过这些行为分析，沃尔玛将啤酒和尿不湿摆放在一起，果然得到了很多消费者的一致好评。

设计小程序时，我们需要尝试以上多种方法，努力使自己的小程序为用户解决痛点，才能逐步让小程序成为用户生活中不可缺少的一部分。

4.4 小程序应有的界面特性

在设计小程序时，运营者需要考虑用户的需求，利用微信提供的各种开源工具，设计出吸引用户的创新型小程序，尽可能凸显出新颖性、趣味性等特点，让用户感受到类似于App的优质体验。为了达到这个目标，运营者需要从功能化、简单化、商业化这3个方面去设计小程序的使用界面。

功能化

微信小程序最容易完成的是工具的功能，但是运营者还应当进行服务的拓展延续，设计出更多满足用户实际需求的功能，弥补一些使用场景上的不足。

例如，对开发阅读类小程序的运营者来说，如果他们只是简单地将各种书籍进行汇总，然后添加搜索、复制、注册、登录等简单的功能，那么这个小程序并不会提高用户的期待，用户也很难在没有推送的情况下想起来这类阅读小程序。

但是，如果运营者可以在阅读功能的基础上添加其他额外的活动或功能，例如每日签到、节日促销、分享送书等，就能够大大提高用户的黏性。如图 4－7 是小程序“扇贝阅读”开展的“读书计划”活动页面。

图 4－7

从微信生态圈来看，运营者如果为小程序增添更多的功能，就能进一步融入整个微信生态圈中，为小程序后续的功能升级、商业变现模式改变、用户体系升级等衔接操作做好准备，时刻使自己的小程序处在功能领先的地位。

简单化

鉴于微信官方要求小程序代码内容不得超过 2M，所以运营者在界面设计的过程中需要保证简单化，具体表现为功能简约、操作简单、界面简洁。

功能简约，需要运营者遵守《微信小程序平台常见拒绝情形》，在设计小程序时保证不要涉及过于烦琐的功能和复杂的逻辑，尽量保证小程序的业务逻辑精简到 5 个页面以内。

操作简单，源于张小龙定义的“随用随走”。为了保证用户在使用小程序时不被周围的环境干扰，运营者需要保证小程序的操作便捷，交互也要尽量保持简单，同时还要礼貌地向用户展示自己小程序所提供的服务内容，并友好地引导用户进行下一步操作。

小程序的一大特色就是界面简洁，运营者在设计小程序时完全没必要费尽心思设计一些复杂的界面内容，而是要遵守微信官方的 8 项组件规范，将界面、配色、图标等样式与微信保持统一，设计出简洁大气的小程序页面。

商业化

绝大多数运营者开发小程序的目标就是实现商业变现，而在小程序设计的早期阶段，运营者应该首先解决用户的需求，然后再寻找商业化的机会，毕竟没有庞大的用户群体，再好的盈利模式也是空谈。

在微信官方的《微信小程序平台运营规范》中有这样的要求："一切以用户价值为依归、让创造发挥价值、好的产品是用完即走，以及让商业化存在于无形之中。在切实符合用户的合理需求和利益的前提下，通过微信小程序所提供的功能和服务，为海量微信用户提供具有持续价值和高品质的服务。"

微信官方希望小程序提供的是功能和服务，而不是作为一种变现的工具，所以微信对小程序的推广、小程序内部的广告内容、小程序账号的信息公开等方面都做了严格的限制，以免小程序过于商业化。

正是因为微信官方的规定，很多"粗暴式"的商业化营销手段无法在小程序中得到应用，使得"社交电商"这种温和的商业模式日渐得到发展。运营者应该学习并掌握现在其他小程序的成功方法，致力于解决用户需求并提供相应的服务，而不是在起步阶段就急于变现。

在布局小程序的界面特性时，运营者抓住以上 3 个特征，就能让自己的小程序在满足用户的基础上增添更多新意，吸引更多的用户使用。

4.5 制作小程序的两个思路

在移动互联网流量越来越贵的背景下，小程序自身带有的巨大流量，引起了很多电商的注意。很多人都想要趁着小程序的红利期获得收益，但是，在真正制作小程序的时候，又不知从何处下手。

其实，通过分析我们可以发现，只要抓住小程序的核心要点去制作，那么大方向上就不会有问题。小程序的核心要点是什么呢？

其一是社交关系链。很多研发者其实都利用了小程序强大的社交性，比如说，用户在购物的时候看到便宜的东西，就想分享给朋友；或者是玩游戏的时候，获得了一个好成绩，也想分享给朋友让他们知道自己多厉害。小程序就是通过用户分享、转发来扩大影响，让更多人知道。同时，也能够让用户周围更多的人参与进来，带来更多的可能。

其二是即点即用。用户在使用的时候，没有心理负担，但同时也可能因为小程序功能太过简单，而放弃使用。

其三就是小程序的流量足够便宜。当前，移动流量变得越来越贵。而自带流量的小程序，恰好处于空窗期，能够给企业商家带来新的机遇。

所以，研发者在设计小程序的时候，可以从两个角度去思考：一个是如何吸引用户关注；另一个就是如何引导用户分享。

第一点：如何吸引用户关注？

其实这就涉及小程序的场景设计。一个产品能够吸引用户关注，从本质上来说，就是这个产品能够满足用户需求。也就是说，在当下的环境中，用户的需求是什么，你的产品能够解决他们的哪些问题，为他们提供什么样的价值。

研发者在设计小程序的时候，可以通过数据分析，明确用户最关注的问题是什么。研发者可以利用各种搜索引擎，输入关键词，从搜索结果中找到相关的问题。再通过搜索近义词，查看在类似的场景下，人们通常是怎样解决这些问题的。

通过数据和搜索可以构建大致的场景，同时要注意保持客观性，不要将自己的想法加诸在用户身上。

当然，研发者也不能忽略用户的日常需求。在设计小程序时，利用小程序的社交特点，满足用户的社交需求，往往就能够取得很好的效果。

第二点：如何引导用户分享？

用户在分享一个产品的时候，通常都会有两个出发点：情感需求和利益诱导。

情感需求。我们可以举一个例子，比如说用户做了某件非常厉害的事情，他需要与别人一起来分享成功的喜悦，或者说是出于炫耀的心理，他希望分享给朋友。

利益诱导。也就是说，用户从分享行为中获得了利益，这种利益会促使他去分享，让朋友也同样享受到这种利益。这种时候，研发者就需要让利给用户，让他们认识到分享行为有利可图。

举一个经典的案例，“拼多多”小程序设置的砍价功能，是用户通过小程序卡片分享给聊天群或朋友，请其帮忙砍价，以获得免费商品，如图 4－8 所示。但有一个前提是，只有注册过的用户才能帮忙砍价。这就是一个非常成功的社交营销方式。

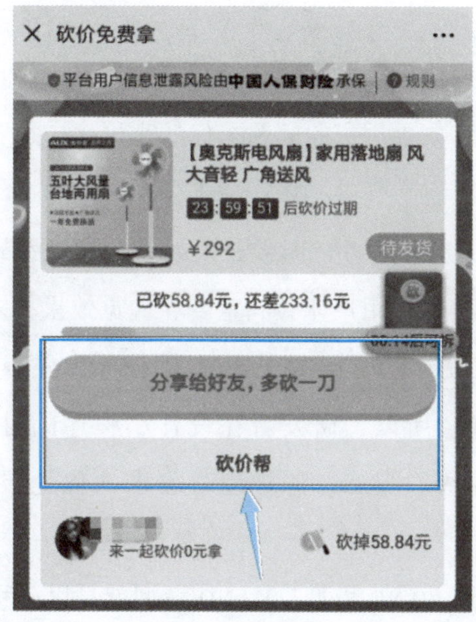

图 4－8

所以说，研发者在设计小程序的时候，最重要的是不要带有主观想法，而是通过数据去分析用户需要的功能有哪些，怎样设计才能够吸引用户关注并且促使用户转发分享。只有考虑得尽量全面，才能够延长小程序的生命周期。

4.6 根据目标设计产品优先级顺序

在生活中，人们想要做的事情有很多，但是精力却是有限的。这一点在小程序上同样适用。在设计小程序的时候，研发者可以给小程序添加各种各样的功能。但是，一些不必要的设计，只会给用户带来不愉快的体验。

所以，在设计小程序的时候，研发者需要根据用户需求去设计优先级。比如，从用户的使用频率、心理以及视觉效果入手，就能够带来极佳的用户体验。相反，如果用户的问题在你的小程序中得不到解决，那么即使你设计的小程序再怎么好看，依然留不住用户。

通常而言，在设计小程序的时候，研发者要考虑到的情况包括小程序的基本功能、用户定位、用户体验满意度、视觉效果、内容表达等。

一个产品，在设计的时候如果不控制需求优先级，那么就无法形成一个封闭的循环。所以，研发者在设计小程序的时候，要根据目标去设计功能的优先级。那么，怎样判断需求的优先级呢？通常有两个方法：

一个方法是利用KANO模型。KANO模型就是以分析用户的需求以及对用户满意的影响为基础，对用户的需求进行分类和优先排序，体现了产品性能和用户满意度之间的关系。如图 4－9 所示。

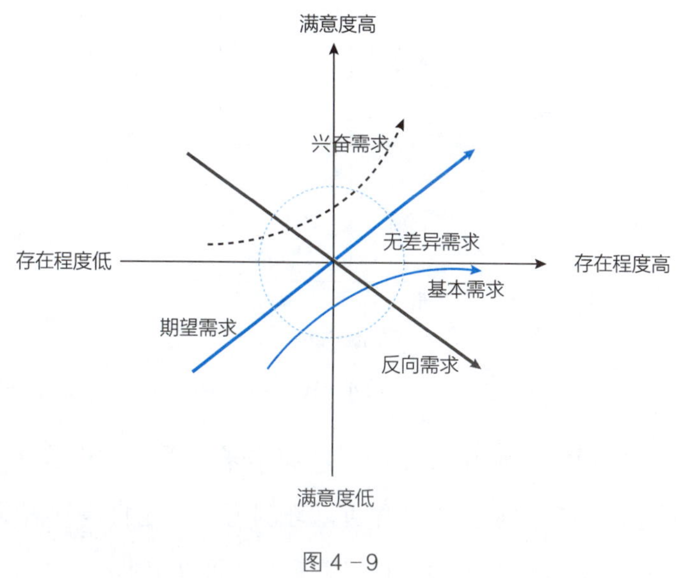

图 4－9

KANO 模型利用维度将用户的需求分为：基本需求、期望需求、兴奋需求、无差异需求和反向需求。研发者可以通过问卷调查，了解用户对于每个需求功能点的评价，然后进行无差异化的满意系数计算，以此得到一个优先级排序。KANO 模型最大的特点为它是从用户的角度出发，并且做到量化、明确。但是，在选取调研样本的时候，可能会因为不同的样本而产生差异。因此，利用 KANO 模型得出的产品优先级结果只能作为一个参考，需要研发者与实际数据结合来运用。

另一个方法是利用波士顿矩阵模型。波士顿矩阵又被称为市场增长率–相对市场份额矩阵、四象限分析法、产品系列结构管理法等。它将原有的坐标进行了更改，更加适用现在的产品需求优先级判断。如图 4－10 所示。

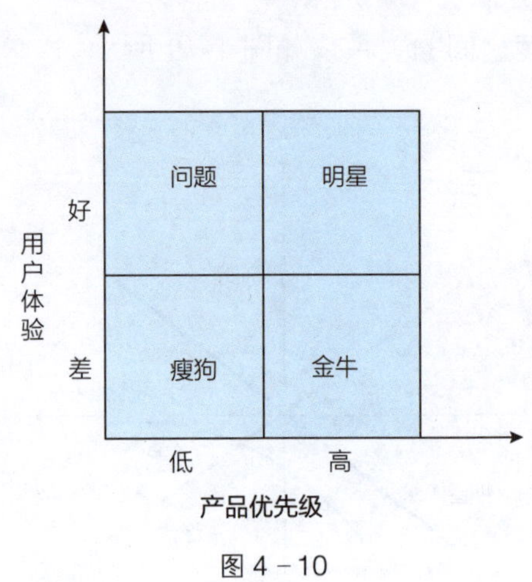

图 4－10

波士顿矩阵模型是运用类比的手法将需求分为：问题需求、明星需求、金牛需求和瘦狗需求。它具体可以理解为，要先将瘦狗需求过滤掉，明星需求要优先考虑，金牛需求和问题需求则可以根据产品的生命周期和产品定位等因素分先后。

将其应用到小程序研发中，明星需求对应的是小程序的功能，也就是研发这款小程序想要解决用户的哪些问题；而金牛需求和问题需求则可以理解为小程序的生命周期和定位的用户为哪一领域；最后考虑瘦狗需求，则可以理解为怎样设计小程序才能够更好看等。

研发者在设计小程序的时候，要善于利用 KANO 模型和波士顿矩阵模型去进行产品优先级的分析，将小程序的核心目标放在第一位去设计，这样才能够最大程度地吸引用户注意。

4.7 小程序功能规划注意事项

不管是哪一类小程序，在研发之前，研发者都需要对其功能规划做出明确的计划书。有了目标和方向，开发小程序的时候才能做到事半功倍。

企业商家开发小程序是为了吸引更多的用户，产生转化率。所以，在研发小程序的过程中，研发者要以“用户体验舒适”为前提，各种功能设计都要从方便用户的角度出发。功能设计流程通常如图 4－11 所示。

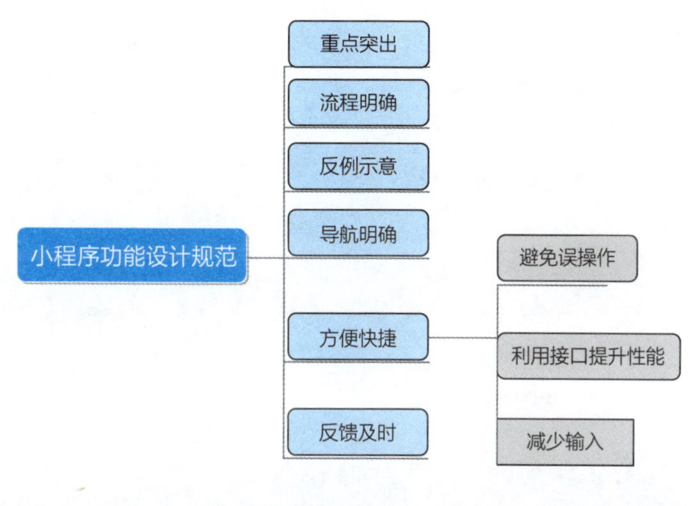

图 4－11

重点突出：在设计小程序的时候，有且只有一个核心任务，这个核心任务必须能够快速满足用户的需求。每一个小程序都是由几个页面组成的，在设计这些页面时，开发者应该有明确的重点，能够让用户在看到这个页面的时候，快速理解页面的内容。当研发者确定了重点之后，设计页面时就要尽量简洁，避免其他与重点无关的干扰因素。

以“收款小账本”小程序为例，它的核心设计任务就是帮助用户统计今天收了几笔钱、一共收了多少钱。所以，它的页面显示的功能都是与此相关的，如图 4－12 所示。

图 4－12

流程明确：用户在使用小程序时，能够顺畅进行。以往设计 App 的经历告诉我们，用户在操作某个流程的时候，可能会突然弹出一个对话框，提示用户跳转或者是点击广告；如果用户操作被频繁打断，就会激起用户的反感，从而放弃使用。所以，在研发小程序的时候，研发者应该避免用户被目标流程之外的内容打断，保持用户顺畅的使用体验。

反例示意：研发者在设计小程序时，不需要添加用户不感兴趣的功能。比如说，用户的本意是利用小程序进行搜索，进入页面时，却被突如其来的抽奖提示打断，这对于用户而言，就是一个非常不友好的干扰，导致他们失去使用小程序的兴趣。

导航明确：用户在浏览跳转页面时，需要明确的导航来帮助用户不迷路。导航需要告诉用户，操作之后会去哪里。比如说微信平台的小程序，不管是在哪个页面，都会自带微信提供的导航栏，让用户不论怎样操作，都能够解决路径问题。

方便快捷：一个是避免误操作，用户在手机上是通过手指触摸屏幕来操控界面，经常会不小心滑到别的地方，出现错误的跳转。如果是没有耐心的用户，很可能就会放弃使用这个小程序。因此，研发者在设计页面时，要充分考虑其热区面积，避免可点击区域过小或过于密集而造成误操作。另一个是利用接口提升性能，微信平台已经为小程序推出了一套网页标准控件库，这些控件充分考虑了移动端页面的特点，降低用户在移动端页面操作的失误率。还有一个是减少输入，用户在使用小程序时，如果需要输入的内容过多，就容易出错。因此，在设计小程序时，只需要简单的跳转即可，不要添加太多需要输入的功能，可以利用现有接口来改善用户输入体验，比如利用摄像头识别接口来帮助用户输入等。

反馈及时：用户在操作小程序时，有时候会出现页面崩溃、错误或者是加载时间过长等问题。遇到这样的问题，用户便会反馈给研发者。此时，研发者需要及时解决问题，并且反馈给用户，以舒缓用户等待的不良情绪。

企业商家研发小程序，是为了达到留存用户的目的。所以，在小程序的功能设计方面，研发者要多从用户的角度出发，能够及时满足用户的需求才是最重要的。另外，研发者在设计小程序的功能之前，不妨先做一个问卷调查，统计分析数据，根据真实的用户反馈进行设计。

4.8 学会用法律保护原创小程序

小程序制作成本低、开发简单，但是获取的流量和收益却非常可观，因此吸引了大量的企业商家和个人入驻小程序。但是，总有一些人想要不劳而获，看到别人的小程序火爆，便抄袭对方。

针对小程序抄袭这类事件，原创者要学会利用法律武器保护自己的合法权益。如果原创者发现自己小程序的名称、商标、头像被他人冒用，或者内容被抄袭，那么可以在线投诉抄袭的小程序。以“i麦当劳”小程序为例，步骤如下：

步骤一：在进入“i麦当劳”的小程序之后，可以在右上角发现“…”的符号，如图4－13所示。点击后底部就会弹出一个白色的弹窗，在弹窗中选择“关于i麦当劳”选项，如图4－14所示。

图4－13

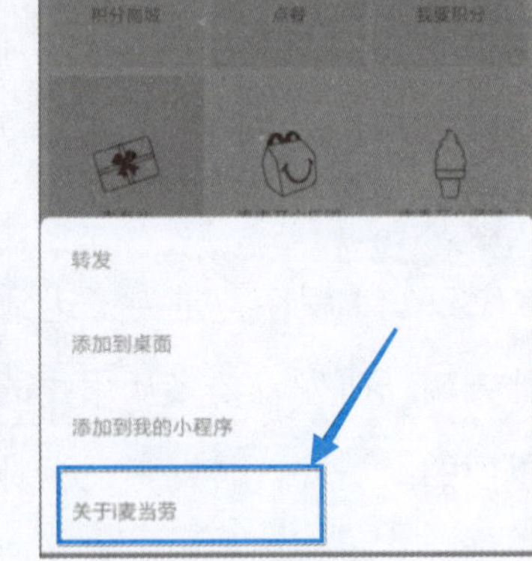

图4－14

步骤二：点击上述选项之后，就会跳转到小程序的进入页面，在页面底部可以找到“反馈与投诉”选项，如图4－15所示。点击该选项，便可以跳转到“反馈与投诉”页面，原创者便可以选择“投诉”选项，投诉抄袭者，如图4－16所示。

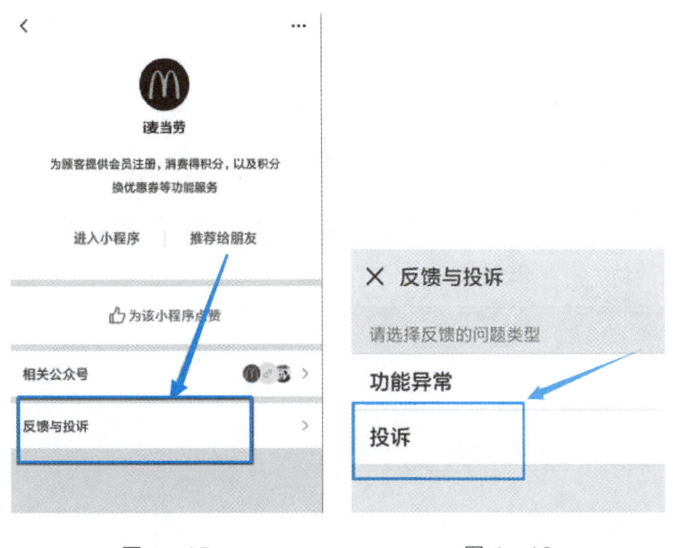

图 4－15　　图 4－16

步骤三：点击“投诉”选项之后，会弹出一个如图 4－17 所示的页面，在页面上列示了不同的选项，分别针对不同的小程序问题，原创者可以根据自己的实际情况进行选择。如果是抄袭侵权问题，原创者便可以选择“侵权（冒名、诽谤、抄袭）”选项，随后会跳转至如图 4－18 所示的页面，原创者根据页面提示进行操作即可。

图 4－17

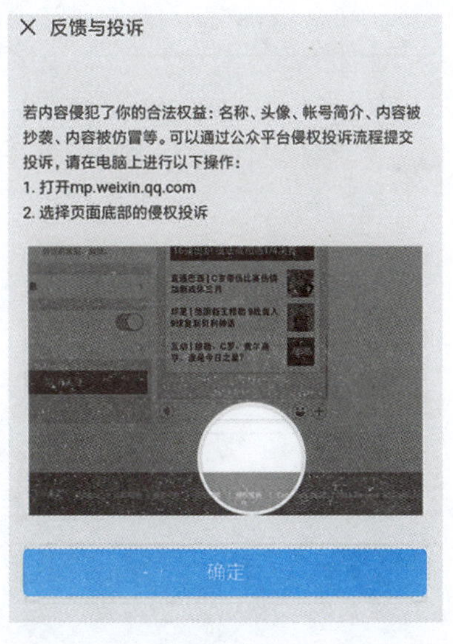

图 4－18

如果是情节非常严重的抄袭，并且给原创者造成了非常严重的经济损失，原创者认为仅仅是投诉并不足以解决问题，那么就可以搜集有利的证据，向法院提起诉讼，让对方赔偿你的经济损失。同时，发布声明，让广大用户看清对方的恶劣行为。

第五章

营销理论太复杂，懂得这些就够了

5.1　裂变式营销：营销的终极秘密武器

5.2　社群营销：以点及面扩大影响

5.3　心理营销：让用户主动分享小程序

5.4　微信营销：互动服务，提高回报

5.5　饥饿营销：控制供应，刺激需求

5.6　口碑营销：通过好评引来流量

5.7　内容营销：优化内容，增强吸引力

5.8　品牌营销：搭建品牌营销网络

5.9　用户营销：根据需求精准宣传

5.10　O2O 营销：打破限制，深度结合

5.1 裂变式营销：营销的终极秘密武器

核武器之所以能够拥有巨大的威力，答案就是核裂变。在核裂变的过程中，各个原子传播能量非常迅速，其杀伤能力是普通武器的无数倍。

“裂变”通常指“核裂变”，但是“裂变”的方式同样可以运用到营销中，裂变营销的本质与核裂变类似，具有的效果同样非常显著。拼多多在两年内迅速获得2亿用户，实现了上百亿元的销售额，并且成功在美国上市；乐纯酸奶在一年中快速达到5亿元的销售额，依靠粉丝分享、创造出4分钟卖出10万支雪糕的战绩；科通芯城作为面向中小企业的IC元器件自营电商，三年内便实现了100亿元的销售额。这些品牌运用的就是裂变式营销。

所谓裂变式营销，往往会先以一个或几个点为基础，在成功突破这一个或几个点后，进行突破过程的拷贝，由一个成功的点复制出另一个点，两个点再复制为四个点……以此类推，由慢变快，逐渐加速推进，最终步步为营，快速、高效并全方位地控制整个行业市场。最终达到的裂变式营销效果是超乎想象的，如图5-1所示。

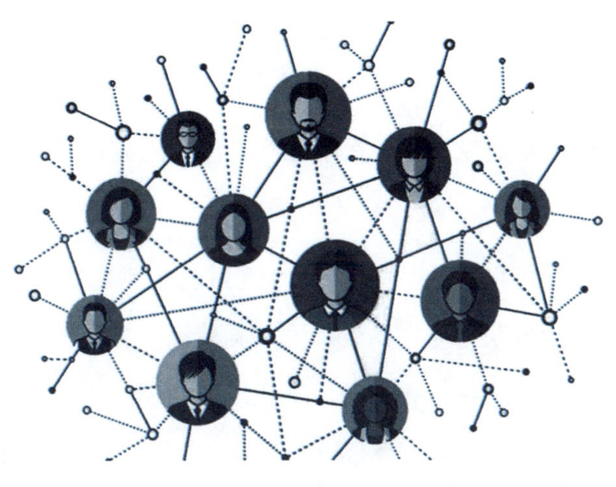

图 5－1

裂变式营销通常分为以下 3 个步骤：

（1）用户收到推广。运营者首先需要设计出主题和福利突出，并富有吸引力的文案或海报，然后利用微信发布朋友圈，或直接分享给群或好友，也可以利用公众号和服务号的信息推送、二维码分享、小程序消息通知等方法进行传播。

（2）用户主动加入。为了能够吸引用户加入到推广活动中，运营者往往会采用“利益后置”的办法。比如说，在公众号和小程序中销售电影票时，单张票卖 50 元，但是如果用户分享到朋友圈并且获得 30 个赞就只要 30 元，大部分用户为了省钱，都会接受“利益后置”这个设定。

（3）用户进行转发。做裂变的关键步骤就在于用户转发，运营者可以利用数量折扣、转发抵现、发放红包、分享砍价等方法让用户主动进行转发，收到推广的新用户又会主动加入转发，这样就会形成闭环的裂变式营销，用户和销量都会呈指数式增长。

裂变式营销拥有成本低、效果快、口碑好三个特点，牢牢地占领了很多营销市场。运营者无论是想增加用户还是增加粉丝，裂变式营销都能达到目标。因此，很多公司都开始运用裂变式营销来给小程序、公众号、产品增加客户。

下面，我们来看裂变式营销在小程序推广中的应用方式：

（1）福利领取

例如，宠物店可以在小程序中增加“到店减免”功能，用户如果注册并使用小程序即可获得宠物体检、购买狗粮等各种优惠，但是需要用户预约时间并按时到店，这样线下的店铺也可以利用小程序推出福利的功能来吸引附近的用户加入。如图5-2是“麦当劳”小程序免费领取咖啡的活动页面。

图5-2

（2）加群引流

无论是实体店还是电商，都希望能够留下稳定的客源，后期不仅可以利用老顾客创收，而且还容易带来新客户。所以在小程序中，运营者可以通过分享群二维码或微信号将用户拉近微信群，然后再利用小礼物或分享砍价等二次营销手段拓展新用户。而且微信在公众号中增加了小程序的入口，用户可以通过运营者的公众号或群中的二维码访问小程序，如图 5－3 所示。

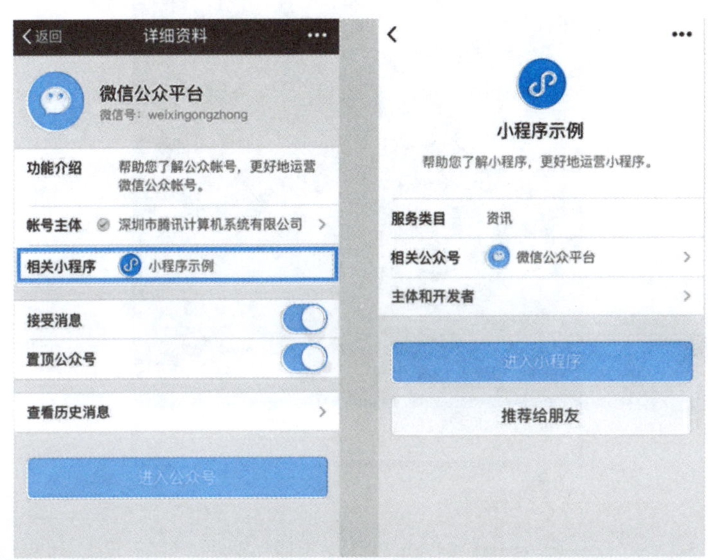

图 5－3

（3）好友和朋友圈分享

著名的“150 定律”告诉我们：每个人的社交圈平均能够影响到 150 个人。可以将这条定律应用到裂变式营销中，进行用户推广。最便捷的方式就是朋友圈分享。当一个用户利用朋友圈和微信群分享给 150 人后，可能会有 10 个人继续帮运营者分享，他们每个人背后也有 150 人，这样仅通过两次分享，运营者就会拥有 1500 名潜在客户。

分享的本质就是一种裂变，如果小程序中的内容足以吸引其他用户，那么这种裂变就是没有穷尽的，所以运营者可以在小程序中鼓励用户进行分享。如图 5－4，在“汉堡王”微信小程序中，用户点击右上角后再点击“转发”，即可将这款小程序分享给好友、微信群和朋友圈。

图 5－4

（4）红包裂变

近几年中，越来越多的商户选择利用发放红包来吸引用户的关注和点击。对于这种流行的红包营销，最大的优点就是传播速度迅速，凭借微信的流量，很多移动电商的小程序利用红包分享购物信息。

“拼多多”小程序每天都会向用户推送“你还有 1 个红包未领取！”这样的消息，以吸引用户进行分享，从而有效地提高了更多用户的参与度。如图 5－5是“拼多多”小程序利用红包裂变的页面效果。

图5－5

如果想利用好砍价、拼团、发红包等各种裂变式营销的方式，关键点就在于用户可以直接看到分享后的利益，越是简单的分享流程越容易被用户接受，所以运营者需要在裂变式营销的过程中尽量简化步骤。

无论是线下店铺还是线上拼多多，都可以利用小程序的通知推送功能每天向用户推送优惠通知，既然用户从前注册过店铺的小程序，那么他一定会有某方面的购物需求，这就需要多次的通知来吸引用户的好奇心。

在红包裂变前期有很多抱着“占了便宜就走”心态的用户，这就需要运营者掌控好裂变让利的条件和大小，不要因为一味追求用户数量而导致让利过多，继而导致经营危机。

目前小程序的营销方式多种多样，如果运营者希望未来可以源源不断地有客户加入，那么裂变式的营销方式绝对值得尝试，只要掌握好裂变式营销的核心方法和最新的推广技巧，就一定能够让自己的小程序开辟更大的市场。

5.2 社群营销：以点及面扩大影响

传统意义的社群营销，指的是将有共同需求的客户聚集在一起，然后通过运营者与用户的互动和交流来进行针对性的营销。如今中国拥有10亿微信用户，每天都会新增200多万个微信群。运营者如果想要利用微信这个庞大的营销市场，不仅需要掌握构建社群营销模式的基础框架，而且还要学会利用微信群以点及面，扩大影响。

很多刚开始做微商或微信营销的运营者，当他们发现有人加入社群后，往往在经历短暂的寒暄和问候后，立刻直奔主题，推出自己营销的产品；有的运营者甚至都不会问候群中的新用户，直接向群中推送一条购买链接；有的运营者在用户加入社群后不闻不问，只向主动提问的用户进行营销。上述都是错误的营销方法，真正的社群营销是讲究时机和策略的，主要需要掌握以下4个关键步骤，如图5-6所示：

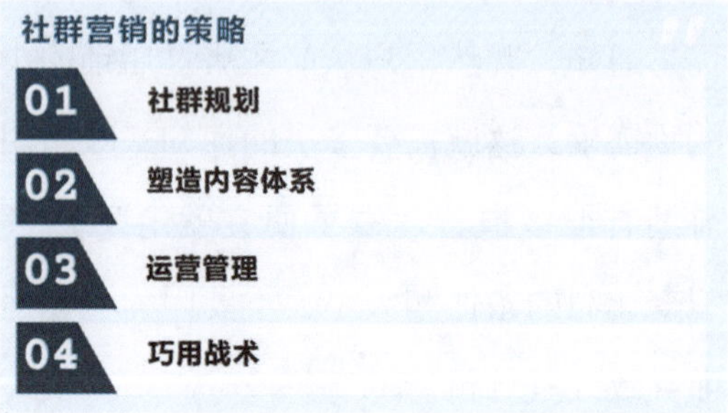

社群营销的策略

01 社群规划

02 塑造内容体系

03 运营管理

04 巧用战术

图5-6

1. 社群规划

作为整个营销过程的运营者，一定要对自己的产品有非常清晰的定位，明确你要建立什么样的社群，然后才能根据自身情况制定不同的策划方案。

如果你经营的项目属于健康领域，你就可以建立“坚持每天运动”的社群，来鼓励有运动意向的客户加入，进而推广自己的产品；如果你经营的是画廊，你就可以建立“每天画一张简笔画”的社群，来让喜欢绘画的客户加入，后续可以向他们推荐成品画作或是绘画培训项目。

社群最初的规划尤为重要，这是运营者与客户间建立信任感的工具，如果客户能够认同社群的理念，愿意随着大家去做共同的事情，才容易使用户产生后续的付费行为。

2. 塑造内容体系

为了提高社群的价值，运营者可以不定期分享知识干货、信息资讯，通过咨询问答、利益通报等方法提高群内用户的活跃度，尽量让所有群用户加入到讨论中。

“羊群效应”告诉我们：人们经常会受到多数人的影响，而选择跟随大众的思想或行为。在微信群中，用户之间因为有着类似的购买动机，群体氛围会触发新用户的从众心理，进而产生从众购买的效果。

如果某个社群营销群能够长期存在，往往都已经形成了良好的循环，甚至是达成自运行的状态，这样不仅可以满足群成员的购买需要，而且还能够给运营者带来长期稳定的回报。

3. 运营管理

运营方式往往决定着社群的寿命，优秀的运营人员能够让用户在群中感受到仪式感、参与感、组织感和归属感，从而使群成员对社群产生依赖性。

在日常对社群的管理中，运营者可以根据自己的营销策略，制定微信群的组织成员结构、交流内容、加入条件和管理方法。比如，在社群中公布入群须知、要求群成员修改群名片，并设置负责言论引导的管理人员，对于肆意打广告的群成员进行清退，并适当地在社群中发放抽奖优惠券等福利，来增加社群对用户的吸引力。

4. 巧用战术

(1) 头狼战术

运营者可以向社群中经常购买产品的老客户让利，让他们在消费时获得比他人更多的折扣，这样可以调动他们讨论的积极性，同时鼓励他们在群中发表有关产品的正面言论，这样可以有效地带动新客户消费。

(2) 定点战术

在用户加入社群前，运营者可以按照性别、年龄、地区等类别对他们进行划分，分别推荐他们加入不同的社群。这样运营者就可以在某些特定节日时有针对性地对某个社群中的用户进行定向营销，这要比直接群发消息打扰到其他客户的效果更好。

(3) 悬赏战术

通过设置奖品，可以提高社群活力并唤醒群成员的消费动机。比如当节假日临近时，线下店铺可以在社群中组织"到店免费体验""消费满减"等活动，线上店铺则可以在社群中发布"抽奖送新品""整点抢优惠券"等促销信息。

作为运营者，在利用传统微信群进行社群营销时，也可以在微信小程序中开发自己店铺的会员系统，通过"新用户奖励"和"注册用户可购买"等方法，鼓励更多用户进行注册，运营者可以利用小程序中的后台服务对用户数据进行分析分类，然后在适当的时候向特定人群推送定向促销信息，进而构建微信小程序中的社群营销。

5.3 心理营销：让用户主动分享小程序

在小程序的分享过程中，只有利用消费者的社交关系网，才能让小程序得到广泛的传播。这个传播过程中，运营者对用户心理的把握和用户需求的认知，是小程序日后能够被用户喜爱的基础。

利用用户心理做营销工作时，最重要的是要找到朋友之间的关系与用户使用小程序的心态。小程序的营销还可以利用以下四个用户心理，刺激用户主动推广小程序。

1. 好奇心理

很多人都有好奇心，这是一种对未知事物渴求的欲望，在营销领域称之为“撕开一道口子”。但是这道口子一旦被撕开，就需要愈合，否则用户的好奇心理就无法得到满足。人的心理就是这样，对于引起好奇的事情想要去一探究竟。

比如在答题小程序“全民有文画”中，用户可以通过猜图来学习我国的传统文化，主要题目包括美食、成语、歇后语、诗词、历史人物等。刚刚上线时，“全民有文画”只有猜图对战功能。短短2分钟的PK时间，让用户无法仔细思考不会的题目。

因此，他们在对战结束后加入了“错题本”，这样用户就可以分享错题给好友，满足其好奇心。这样的设计不仅让分享率提升了10%，也带来了很多早期用户，如图5-7所示。

图 5－7

2. 从众心理

从众心理指的是用户个人的想法和行为在群体的引导和压力下，不知不觉或不由自主地与多数人保持一致的社会心理现象，也就是常说的“随大流”。比如，有很多人推荐给你一款学习英语的软件，你多半会接纳。

曾经有家新开的火锅店，老板娘在开张的第一天，将一张广告牌放在门口，顾客只要扫描上面的小程序码进入火锅店的小程序，然后分享给五个好友，就可以享受到五折的优惠。

在餐饮行业中，五折优惠是非常吸引人的折扣，很多用户都会为了拿到五折优惠券而选择扫码。而门店聚集的顾客越多，就会给人以这家店的东西很好吃的感觉。这位老板娘就利用了这种“从众”的心理，在开业当天聚集了很多的客流量。

3. 炫耀心理

用户在小程序中取得一定成绩后，可以分享给微信好友，或转发到微信群，让朋友能够看到群排名，这样既满足了用户的炫耀心理，又可以激发其他用户参与。“跳一跳”小程序就是利用了用户的炫耀心理，达到让用户主动分享的目的，实现了用户迅速突破的效果。这可以说是小游戏最普遍的营销套路。

除了微信群排名，运营者还可以在用户获得最高分或一些新的皮肤后，提醒用户分享到微信群或是生成图片发表到朋友圈。文案和图片都可以夸张一些，以增强展示性，如图 5 – 8 为“跳一跳”小程序的游戏分享效果。

图 5 – 8

4. 占便宜心理

此类应用最典型的就是砍价、拼团等商城类的小程序。拼团玩法也有很多，比如老带新拼团、凑够人数低价买、一分钟获得拼团资格等。

“拼多多”小程序半年疯狂吸粉一亿，就是通过拼团和砍价迅速出现在大众视野之中，用低价产品吸引用户，让用户主动分享。小程序为“拼多多”服务号引流了大量用户，绝大部分用户是通过砍价认识了拼多多，如图5-9所示。

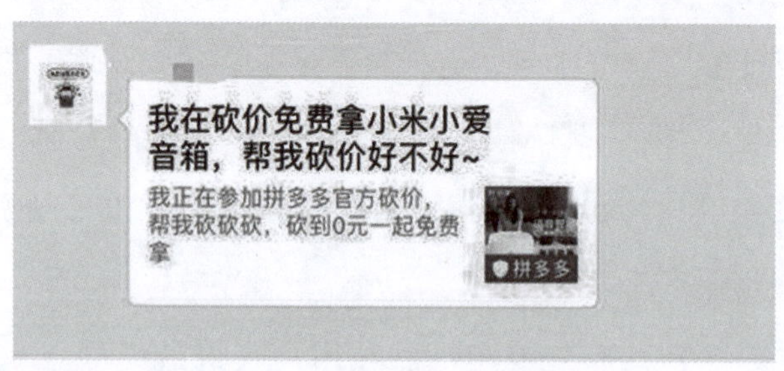

图5-9

有关调查表明，有78%的用户表示他们愿意在网上分享信息，通过分享他们可以与一些人保持联系。我们可以利用用户的心理，促使用户主动分享，以吸引更多新用户。

5.4 微信营销：互动服务，提高回报

小程序作为一种具有超高性价比的营销推广渠道，非常适合企业和个人用来推广产品或塑造品牌。在上线短短的两年内，已经有很多商家加入到小程序的营销行列中。随着竞争的加剧，运营者应该如何利用微信营销来为小程序招揽客户呢？

1. 微信搜索

微信官方规定小程序名称不能重复，也就是说“先到先得”，已经注

册过的小程序名称其他人不能再注册。同时，微信搜索在 2018 年新增了小程序搜索功能，进一步方便了运营者进行微信推广。

对于运营者而言，想要获得更多微信搜索的流量，选好小程序的名称非常关键。好的关键词能让更多客户搜索到你的小程序，很多不知名的小程序利用这个搜索特点，将行业关键词作为小程序名称，这样用户在该行业搜索关键词时，可以直接看到他们的小程序。

利用强大的微信搜索，运营者在推广宣传时，可以告知客户按照名称搜索自己的小程序。如图 5－10，客户在微信主界面右上角点击“搜索”并输入“苏宁易购”后，可以在结果页面选择小程序类别，即可直接打开苏宁易购的小程序。

图 5－10

2. 微信好友/群分享

（1）微信好友分享。因为小程序的二维码可以被分享到朋友圈，所以运营者可以在网络上宣传自己的产品并引导用户添加自己的微信号，后续就可以在微信朋友圈进行小程序的推广工作。如果运营者可以利用现有的好友和同事推广宣传自己的小程序，也能够更好地被新客户接受。

（2）微信群分享。作为小程序的运营者，一方面可以自己建立客户微信群，宣传自己的小程序并维系客户关系；另一方面也可以联系拥有很多微信群资源的群主，向他们支付一定的广告费后便可加入他们的微信群进行小程序推广。如图5－11为“水象优品”小程序在微信群中的分享效果。

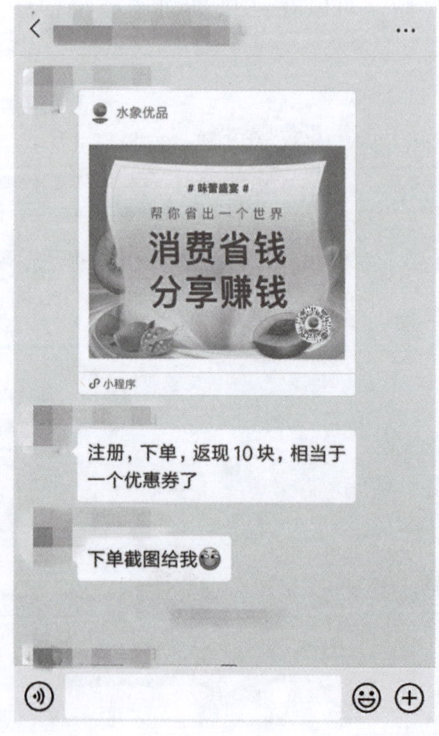

图5－11

3. 与公众号结合

运营者在经营公众号时，不仅可以将小程序放置在公众号底部，还可以在公众号推送的文章中通过介绍页展示、模板消息推送、自定义菜单栏入口设置、图文中插入小程序卡片、图文 CPC 广告、会话下发送的小程序卡片、小程序落地页广告等位置嵌入小程序，用户点击后即可跳转到对应的小程序中。

目前，一个小程序最多可以关联 50 个公众号，运营者可以将一个小程序与多个公众号绑定，同时在多个公众号平台进行推广，迅速提高小程序的知名度。

如图 5 -12 为公众号“小米手机”主页，下拉到底部后点击“相关小程序”，即可显示出小米手机公众号相关的两个小程序“小米 Lite”和“有品 Lite”。

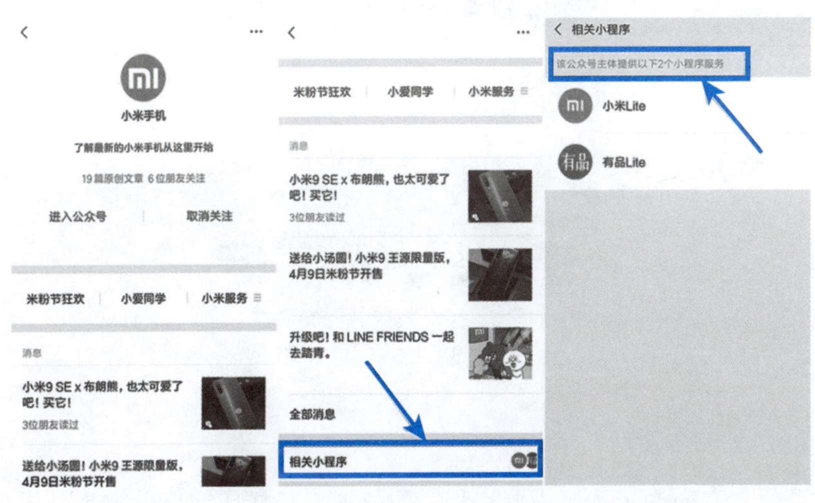

图 5 -12

4. 扫描二维码

扫描二维码是线下营销推广最为常用的方法，很多店家都会将自己店铺的二维码打印出来，放置在门店、海报、名片、宣传册等显眼的位置，同时再配上优惠活动信息吸引用户扫描。

如图5－13所示，在微信主界面右上角点击“⊕”并点击“扫一扫”，即可让用户直接扫描店铺的二维码进入对应的小程序中。

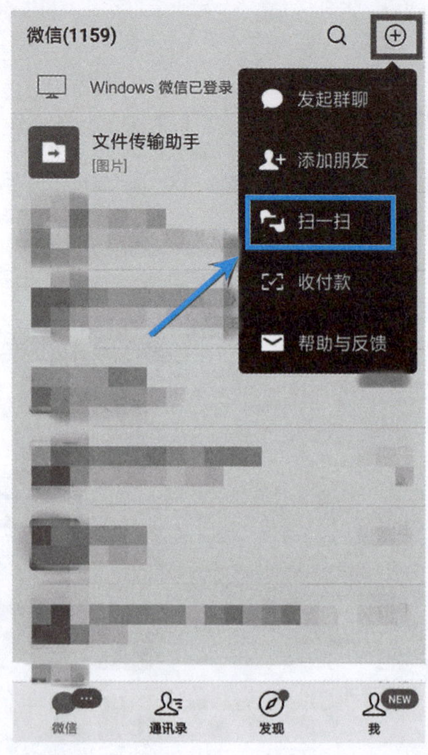

图5－13

5. 附近的小程序

微信官方允许运营者设置小程序的位置，这样店铺可以被5公里范围内的用户搜索到。2018年10月“附近的小程序”更新后，附近分类由原来的4个拓展到20个，更为细致的分类可以让客户精准地定位到运营者的店铺。如图5－14所示，在微信的小程序主页点击“附近的小程序”后，点击“全部”，即可查看附近分类后的小程序类目。

图 5-14

除此之外，在营业执照允许的范围内，微信官方允许“附近的小程序”功能绑定 10 个地址，服务类目每个月可以修改 3 次，一共可以添加 5 个服务类目。运营者可以在多个地点设置自己店铺的位置，或是增加自己的服务类目数量，从而增加用户访问量。

6. 微信官方朋友圈广告

在小程序最初登录微信时，传播渠道并不广泛，很多运营者为了推广自己的小程序，便将小程序内嵌进朋友圈的广告中进行投放。一般微信朋友圈的营销广告是 1～2 万元起步，如果运营者对朋友圈广告市场有经费预算，联系微信官方进行广告合作也是不错的营销方法。如图 5-15 为耐克在微信朋友圈中投放的广告。

图5－15

近两年来，微信官方为了让更多用户接触到小程序，逐渐开放了很多入口和功能。作为运营者，应该时刻关注微信的每次测试更新会对小程序有哪些影响，争取在微信的正式版本上线后及时调整小程序在微信中的推广模式，只有充分利用微信平台进行推广，才能让自己的小程序不断提高知名度。

5.5 饥饿营销：控制供应，刺激需求

饥饿营销是近年来新兴的营销模式，主要通过各种限量和限时策略定量销售商品。运营者利用饥饿营销，打造稀缺效应，激发消费者的购买欲望，让他们产生“物以稀为贵”的错觉，从而提升产品价值，实现后续现货产品的“抢购热潮”，如图5－16所示。

社会心理学家斯蒂芬·沃切尔曾经做过一个实验：他给一半人10块饼干，而另一半人只给2块饼干，最后是那些只有2块饼干的参与者品尝后给出了更高的评价。

这其实就是“稀缺效应”的效果：供应量越少的产品越显得珍贵。

这能够让消费者提高对产品价值的感知，同时也容易得到客户的青睐。同样在小程序中，运营者可以利用饥饿营销开展多种促销手段，如下所述。

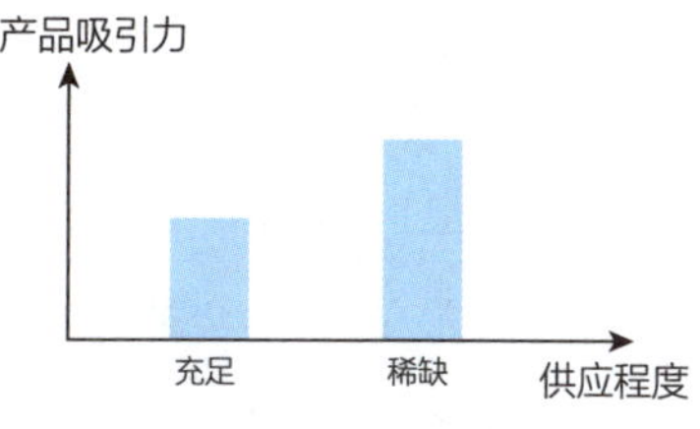

图 5－16

1. 提前预售

预售是产品还没有进入市场就提前进行销售的方法，运营者为了刺激客户消费，一般会提前发布商品信息，同时给出一些优惠政策来吸引客户预付定金或是全款购买。如图 5－17 为小程序“华为商城＋”正在进行的 P30 手机预售页面。

为什么现在越来越多的电商平台都喜欢做预售而不是现货出售呢？

图 5－17

在营销层次上，预售能够预热促销活动并拉长促销时间，让产品吸引更多的人。

在技术层面上，预售可以分散像“双十一”“双十二”这样的电商狂欢节的交易高峰期，降低促销活动的成本。

在供需平衡的目标下，预售能够有效缩短客户的收货时间，而且像华为、小米这样的生产型企业，还可以根据预售的订单数量进行配件的采购，按照需求生产手机，避免库存积压。

如此看来，预售可谓是一举三得，运营者可以加快资金回笼速度，最大程度地降低经营风险。

2. 限时购

很多电商平台都会推出限时秒杀、整点秒杀、超值量贩等活动，在活动期间商品的价格会非常低，但活动过后立刻恢复原价。如图5－18是小程序“拼多多”的“限时秒杀”页面。

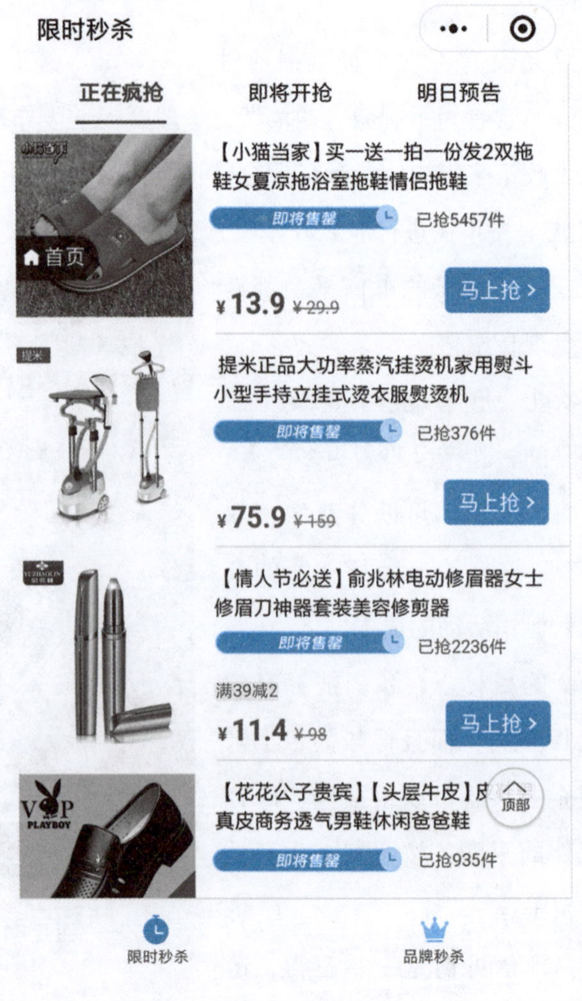

图5－18

利用限时购的模式，运营者能够让一部分用户养成“固定时间打开小程序看一看”的习惯，同时与其他购物平台争夺用户的注意力。

限时购时间和数量的双重限制，营造出活动的紧张气氛，让用户感受到时间压力，而时间压力往往会降低客户购买决策的质量，因此会出现很多人在限时购中的非理性消费行为。

此外，限时购商品的随机展示不仅让客户看到了更多种类的商品，满足了很多人对价格敏感但无明确购物目标的购物需求，也让一些积压的库存和销量低的商品得到了推广。

近年来网购消费体验的升级，让很多消费者从原本单纯对品牌折扣的需求提升到了对产品质量的需求，他们在追求国际品牌折扣的同时，更追求这种“闪购”带来的便捷与抢到手的快感。基于这个诉求，很多电商平台也增加了“品牌秒杀”，满足了用户对商品质量的追求。

3. 限量款

2019 年 2 月，星巴克推出了新季度的限量款猫爪杯，原本它的定价只有 199 元，但由于是限量款，网上炒作的交易价格已经突破了 1800 元。星巴克利用每年推出的限量款，让越来越多的人知道自己的品牌，增加了很多潜在消费者。

同样在小程序中，限量款的球鞋、运动衣往往销售状况特别好，很多年轻人甚至是熬夜、翻倍加价也要购买限量款的产品。如图 5 - 19 是小程序“MAC 魅可”中的一款限量唇彩。

图 5 - 19

用户为什么愿意花费更多金钱来选择“限量款”呢？除了更贴近自己的使用习惯外，更多的是那种“独一无二”的专属感。比如，很多电脑“发烧友”在组装电脑时的花费要比直接买品牌电脑多，除了根据用途量身打造外，他们也希望将自己的电脑“限量化”，打造出不同于他人的机型样式。当然在他们背后，各个零配件的销售商也赚到了比批发更多的利润。

学习并合理运用多种饥饿营销方法，能够让产品迅速获得消费者的关注，并在短时间内形成良好的口碑，这是现代运营者必备的经营技能。

但是，饥饿营销切勿过度，否则会让消费者放弃购买的欲望，甚至对品牌产生反感。这其实就需要运营者对自己的品牌要有清醒的认识，知道什么时候可以饥饿营销，什么时候需要让利促销。

在如今电商云集的小程序中，运营者应该在初期努力提高品牌质量和知名度，同时打造自己产品的“不可替代性”，在后期拥有大量的客户群体后，再尝试运用饥饿营销的办法进一步提高产品销量。

5.6 口碑营销：通过好评引来流量

在移动互联网时代，消费者能够获得的信息数量巨大，显著地改变了以往企业了解消费者，但消费者并不熟知企业的状况。随着消费者获得信息的渠道增多，他们越来越不信任企业主导的广告和宣传活动，反而更喜欢独立地做出是否购买的决定。消费者的心态发生这样的改变，口碑营销的成效就显得尤为重要。

进行口碑营销时，运营者可以利用一些树立口碑的方式，为消费者提供他们所需要的产品和服务。这样新顾客通过口碑了解到的产品，往往对产品具有更高的认知和可信度，也容易对产品产生好感，最终达到新顾客“慕名而来”的效果。

在微信小程序中，常见的口碑营销方式主要有以下 3 种：

1. 经验类口碑营销

经验分享是网络中最常见、最有力的口碑营销形式，通常能够占到口碑营销的 50% ~80%，它来源于曾经的消费者对某种产品或店铺的直接评价，能够在很大程度上影响其他顾客的选择。如图 5 -20 是小程序“大众点评”中一些用户对某家餐厅的口碑评价。

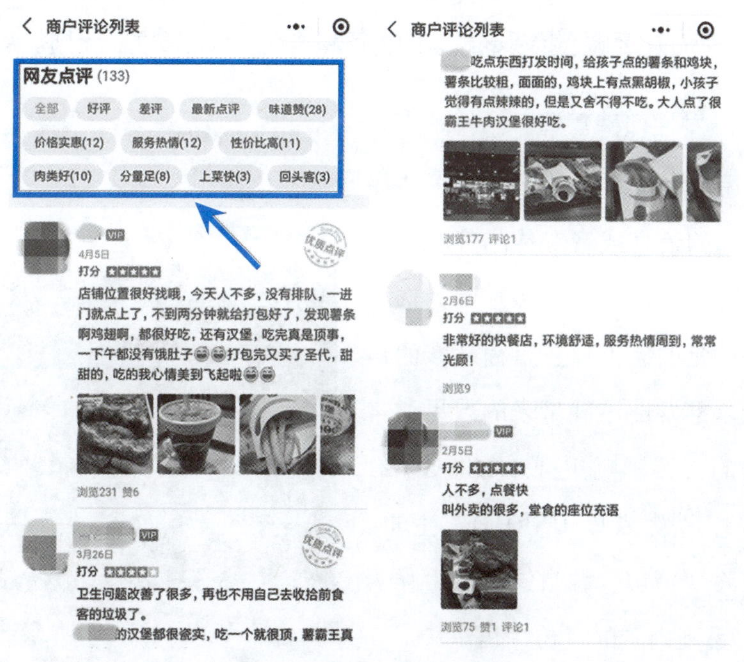

图 5 -20

传统的广告营销往往是“一对多”的模式，即运营者自己向多名消费者树立口碑。随着网络上评论网站的兴起，互联网营销逐渐变为“多对多”的模式，即多名老顾客向多名新顾客进行经验分享，这样的评价往往更具有说服力。

当消费者首次购买新产品或是产品价格较为昂贵时，经验类口碑的效果尤为重要。因为在这种情况下，客户会进行更多的调查，同时希望在短时间内寻求更多意见。

例如，现在很多人在计划前往咖啡厅、酒店、宾馆等一些没去过的新地点时，都会查看以往顾客留下的评论分享，这样的“经验之谈”具有较高的可信度。如果某家店铺的口碑不好，很有可能让新顾客取消前往该店铺的计划。

作为合格的运营者，不仅需要注意自己店铺在点评类小程序中的用户评价如何，而且还要虚心接受老顾客的批评和建议，有则改之，无则加勉。

2. 继发性口碑营销

当运营者进行营销活动时，往往会将传递的信息或者宣传品牌的口号作为继发性口碑进行宣传。因为选取的往往都是朗朗上口、言简意赅的语句，所以继发性口碑带来的效果通常比广告的直接影响更强。如图5－21是小程序“优衣库UNIQLO”主页，优衣库将“清爽，源自这一件”作为AIRism系列内衣的宣传用语。

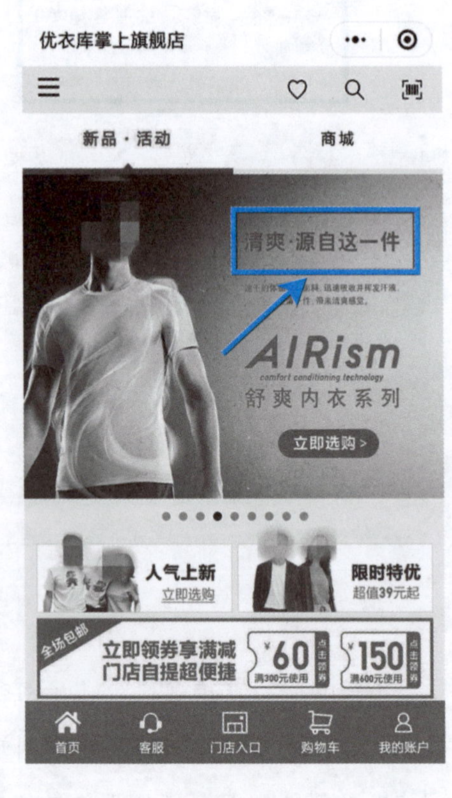

图5－21

继发性口碑营销的主要目的就是抢占消费者的认知，上图中的优衣库就是将“清爽”与自己的产品关联后进行推广。类似的，真功夫将“营养还是蒸的好”作为继发性口碑，用传统做饭方法“蒸”来让消费者获取认知，使他们了解到这是中式餐厅，便于自己吸引顾客，进一步抢占中式快餐市场。

在运营者宣传推广产品时，非常容易忽视继发性口碑的重要性。事实上，一句优秀的继发性宣传语就能够让消费者明白某个产品的定位和品牌文化，进而影响消费者对产品的总体印象。

3. 意识性口碑营销

普通大众，尤其是年轻的“追星族”，他们对明星比较信任，导致明星往往会存在“光环效应”。利用这种附带价值的效应，很多企业将明星作为意识性口碑进行宣传，吸引消费者的注意力，让认同明星形象的客户逐渐开始认同自己的产品，同时达到了使产品形象化、具体化、容易被消费者接受的目的。如图 5－22 为小程序“伊利牛奶旗舰店”邀请明星代言的相关页面。

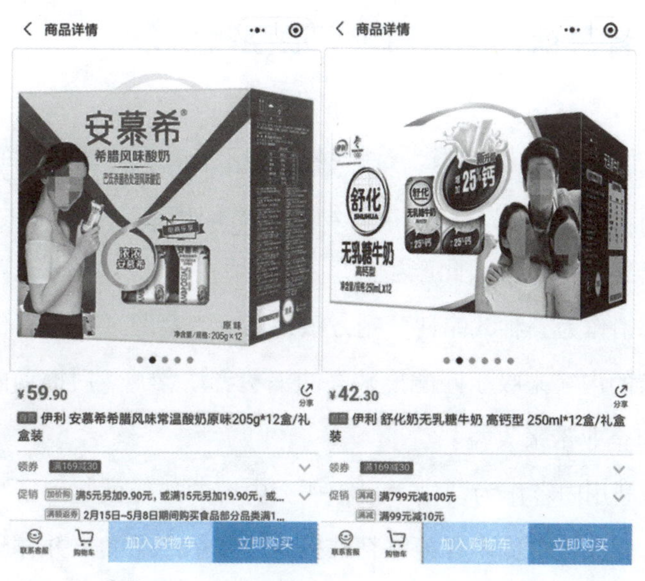

图 5－22

意识性口碑能够获得成功，往往归功于会选择明星的运营者。因为一般情况下，运营者单凭产品无法吸引消费者，而利用明星作为形象化的载体，当明星进行公众活动和媒体曝光时，就可以让产品得到更多的宣传机会。

为了让自己的意识性口碑达到预想的成效，运营者在挑选明星时，首先要保证明星的知名度和产品品牌相匹配，其次还要保证“品牌形象定位”和“明星个性形象”以及“消费者心理预期”这三部分保持一致，最后还要保证明星形象的正面性。按照这样的步骤进行寻找，才能找到适合自己企业产品的意识性口碑人选。

口碑是以商家和消费者之间建立相互信任后实现的，只有消费者对企业品牌和推广的产品深信不疑，才能实现口碑营销的效果。当运营者进行口碑营销时，需要做的是如何让口碑成为搭建企业与消费者之间的桥梁，让消费者从口碑中看到商家的诚意，增加其购买产品的可能性。

5.7 内容营销：优化内容，增强吸引力

在这个信息碎片化的时代，消费者往往不会接受不感兴趣的产品和宣传，唯有引人注目的内容，才能打动消费者的内心，让他们产生情感共鸣，内容营销方法也就因此产生。

内容营销作为一种战略性营销方法，运营者会通过一些有价值、有关联、可持续的内容来吸引匹配度较高的消费者注意，然后推动内容向消费的转化，为企业带来收益。

既然是利用内容作为营销手段，那么内容的选择就起到了决定性的作用，运营者要保证宣传内容能够精准提炼、展示产品卖点并体现品牌的核心优势。在小程序中进行内容营销时，运营者可以从以下 3 个方面进行选择：

1. 热点性内容

热点指的是某段时间内搜索量迅速增高、人气关注度超乎寻常的话题

内容。运营者可以抓住某段时期中广受关注的假日话题、社会新闻、明星事件等热点进行内容营销，从而使其效益最大化。

如图 5-23 是小程序“超划算拼年货”的主界面，利用每年春节很多人买年货的“春节购物潮”，小程序的名字中含有“年货”这个热搜词，可以在春节期间获得巨大的客户流量。

图 5-23

利用热点营销常被称作“蹭热点”，是目前很常见的营销方式。运营者利用近期发生的热点话题，能够节省前期的铺陈预热和造势的开支，同时还能获得巨大的流量。

2. 持续性内容

很多运营者在经营时，会选取能够为企业带来长期回报的内容进行营销。无论消费者的年龄阶段、身处何地，这些持续性内容都能给用户带来价值，获得他们的青睐。

作为合格的运营者，不能永远依赖热点去打造内容营销，那样的策略就像是缺乏燃料的引火物，虽然引火物能够点燃一团火焰，但是必须不断地添加燃料才能防止火焰熄灭，而那些坚实的、有深度的、优质的持续性内容就是能够让火焰燃烧更久的燃料。

如图 5 - 24 为小程序“当当云阅读精选”。阅读是获取知识永恒不变的方法，书籍内容的持续更新为小程序的人气提供了支撑。

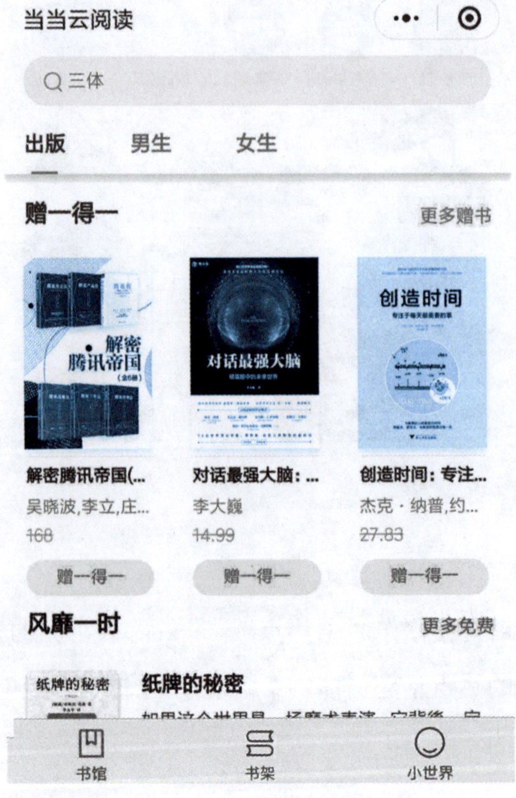

图 5 - 24

米其林轮胎曾经出版了《米其林指南》免费提供给驾驶者，指南中收录了很多实用信息，包括更换及维修轮胎的小知识、城市地图、加油站位置、酒店地址和汽车品牌商标等内容。至今该指南的发行量已经超过150万本，成为全球著名的旅游和美食评鉴指南。

持续性内容营销或许不如利用热点营销的短期效果明显，运营者可能也会投入更多的时间和资源，但是这些付出是值得的。持续性内容营销属于长期投资，可以避免运营者因过于追求热度所带来的投资风险，而经过长时间的考验后，企业能在用户心中建立不可替代性。

3. 实战性内容

实战性内容指的是通过实践产生的经验，在网络上常被称作“干货”。这类内容的创造往往需要运营者有一定的实战经验，同时具有良好的表达能力，能够让客户产生共鸣，以此利用优质内容打造的小程序品牌往往能够得到消费者的认可。

如图5－25是小程序“简书”的主页，很多作者在那里发表了自己对某个事物的看法和经验之谈，他们也得到了志同道合的读者们“打赏”。作为运营者的简书官方，利用提现的手续费也可以为网站带来收入。

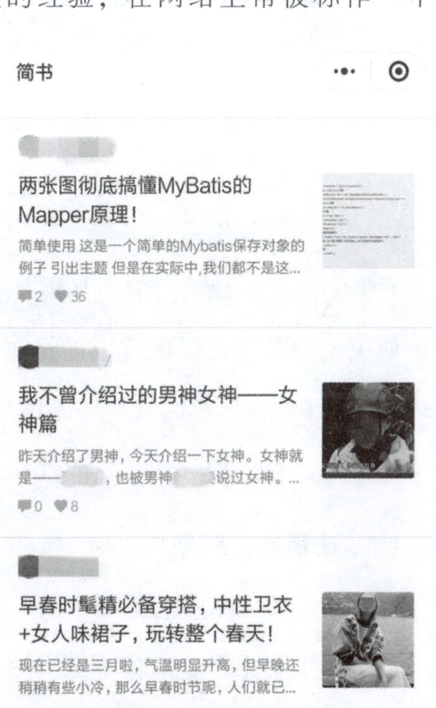

图5－25

运营者如果可以让消费者在自己的小程序中得到学习和锻炼的机会，就很有可能收获更为稳定的客户。基于这一点，运营者可以在小程序主页增加与产品相关联的励志名言、创意图片、温馨提示等文字，同时优化小程序的消费提醒内容，这样才能让客户在消费时感受到成就感，从而提高他们对小程序的信赖程度。

内容永远是营销之本，优秀的内容才能吸引用户的关注、引导他们参与活动或者直接进行消费。在经营多种产品时，营销活动往往会有主次之分，运营者需要判断店铺现阶段的主要营销重点，抓住目前最能展示店铺价值的核心内容，并在小程序中充分呈现。

5.8 品牌营销：搭建品牌营销网络

对于店铺和企业来说，品牌就是最有价值的无形资产。可口可乐总裁曾假设：万一发生不测，公司全部有形资产变为灰烬，只凭“可口可乐”品牌，公司就能够东山再起。

事实上，品牌的价值不是由企业决定的，而是由消费者对品牌的价值评估决定的。在小程序营销过程中，品牌营销具有提纲挈领的巨大作用，往往能够从企业的根本和源头出发，引导小程序未来的推广方向并提高用户知名度。利用小程序进行品牌营销主要有以下3种方法：

1. 注重商标策划

商标是形成品牌的第一步，是树立品牌的基础，也是品牌传播和消费者记忆的主要根据。商标不但概括了产品特点，而且还能体现品牌的经营理念和企业文化。

在向微信官方申请注册小程序的过程中，运营者首先就会面临小程序的命名问题。微信官方规定了很多小程序的命名规则，其中最为重要的就是商标规则：“若申请的名称包含商标，请上传《商标注册证》，上传文件为加盖公章的扫描件；若使用他人注册的商标，请上传《商标注册证》和商标所有者的《商标使用授权书》，上传文件为加盖公章的扫描件。”

如果申请者有商标，那么小程序就拥有优先通过权。如果没有商标，申请者就必须遵守“小程序自选词命名规则”，这样不仅难以注册到方便记忆的名字，而且还会增加审核时间，导致小程序无法及时上线。

目前，商标注册的审核周期在 1 年左右，未来商标注册的审核周期有可能缩短到半年之内，这对创业者注册新商标来说是利好消息。

注册商标时，运营者应选用能够给用户更加直观和具体感受的标识物。在宣传时，运营者可以为商标配备标识色和标识包装来帮助消费者更有效地从商标中识别品牌。

从微信小程序的发展前景来看，微信官方要求店铺注册商标是一种规范管理的趋势，而且拥有商标后也便于企业树立自己的品牌形象，所以运营者应该提高对商标的重视程度。

2. 树立品牌文化

品牌作为消费者和企业之间的桥梁，需要具有与众不同的文化特点。

在品牌建立的过程中，文化起到支持和促进的作用。同时也正因为品牌文化的存在，才让品牌自身更具有内涵和吸引力，进而提升品牌在消费者心中的地位。

有人曾说过：“如果你想了解美国文化，那么只需要抽一支万宝路、喝一瓶可口可乐，穿一套李维斯牛仔服。”可见这 3 个品牌已经深入到美国文化之中。目前，很多创业者和营销者并不重视品牌文化建设，他们需要明白：如果能用品牌文化满足消费者的情感需求，才是为最简便和高效的推广模式。

例如，红豆集团有限公司所经营的“红豆”品牌已经获得了成功，其中很重要的原因得益于他们的品牌文化。自古以来，“红豆”这个词语就含有思念的象征意义，而将“红豆”作为品牌名称，可以让自己的品牌拥有相思的文化含义：情侣可以互赠“红豆”服装来表达爱慕之心；远在外地的子女可以赠送父母“红豆”服装来表达思念之情。如图5－26是小程序“红豆男装官方商城”的主页。

图5－26

消费者对于品牌的忠诚度往往取决于他们自己对品牌文化的理解和认知，如果运营者不重视品牌文化建设，希望只通过宣传手段获得顾客，并不是长久经营之道。

所以运营者在经营小程序品牌时，应先整合品牌的文化资源，然后提出正确的品牌机制体系，最后再制定并实施品牌文化的建设计划。在这个过程中，运营者需要明白，品牌文化的建立不能追求速度，往往需要较长时间才能够形成并树立在消费者心中。

当小程序拥有大量的用户群体后，最需要的就是品牌文化转型。运营者应该设法让目前的用户从品牌文化转变为品牌信仰，这样不仅能够让认同自己品牌文化的消费者主动消费，而且还会让他们自觉维护和宣传品牌文化，这样自己的小程序会无形中增加很多潜在的用户，因此树立品牌文化的最终目标是让消费者树立品牌信仰。

3. 营造品牌形象

品牌名称只能给用户最简单直观的认知，消费者会将获得的品牌相关信息进行归类和分析，最后形成一个对品牌的综合评价，这就是品牌形象。品牌形象越好，消费者对品牌的评价、信任感和忠诚度都会越高；如果品牌形象差，往往很难得到用户的认可，那样会严重影响品牌的生存和发展。

图 5 - 27

比如，很多消费者认为西门子电器的质量和售后比较好；宝马、奔驰是优秀的高档汽车；戴尔电脑的性价比很高等，这其实就是品牌形象的具体体现。

耐克是知名的运动品牌，但是他们自己并没有制作鞋子的工厂，所有的鞋子都是其他工厂代工制作的，最后贴上耐克的商标出售。耐克之所以能做到这一点，利用的就是其强大的品牌形象。如图 5 - 27 是小程序“Nike 耐克”的主页。

品牌形象是运营者经营品牌的核心，因为这种形象是消费者对品牌长期的认知和评价后形成的观念，而这种观念往往很难改变。根据品牌形象这样的“惯性定律”，运营者应该在品牌起步的时候就打好基础，塑造自己优良的品牌形象，从而吸引更多消费者的关注。

整体来看，运营者在经营小程序的品牌营销时，不仅要有品牌的战略意识，还要有长远的眼光和做大做强的意识，争取让自己品牌的商标、文化、形象完美地呈现在微信用户眼前，提高小程序营销的成功率。

5.9 用户营销：根据需求精准宣传

微信小程序正是把握住了用户追求“轻量级服务”的需求，才取得了今天的成就。作为小程序运营者，在设计和推广产品时，需要先考察用户的具体需求，才能让未来完工的小程序完美地融入消费者的生活中。

谈到用户需求，运营者应该了解著名的马斯洛需求层次理论。在这个理论中，马斯洛将人们的需求按照由低到高的层次分为 5 种，分别是：生理需求、安全需求、社交需求、尊重需求和自我实现需求，如图 5－28 所示。

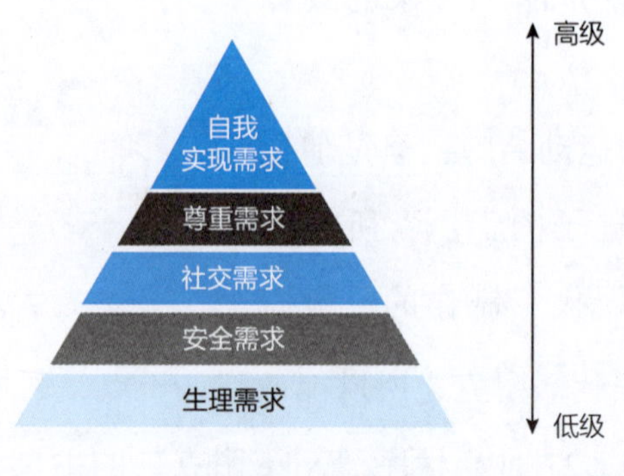

图 5－28

其中，生理需求指的是人们对衣食住行等基本生存条件的需求；安全需求指的是人们对自身安全、生活稳定以及免受疾病威胁、痛苦折磨等涉及人身安全的需求；社交需求指的是人们对友情、爱情和职场中隶属关系的需求；尊重需求指的是人的自尊，同时也包括他人对自己的认可和尊重；自我实现需求指的是人们能够发挥自身的潜力，实现自我价值的需求。

将马斯洛需求层次理论应用到小程序上，运营者就需要明确自己的用户群体和产品定位，从而有针对性地选择更适合用户的细分领域，力求满足用户需求，这样可以让用户获得更好的用户体验，进而成为忠实用户。

微信小程序可以开发出很多功能，但是针对不同类型的用户，小程序的设计方案是不同的。根据用户需求程度，可以将小程序分为高频需求小程序和低频需求小程序。

（1）高频需求小程序，能够满足用户的日常工作、生活和社交过程中产生的需求，主要是衣食住行和聊天交友类小程序。针对微信用户的线上购物需要，催生了天猫、京东、拼多多等品牌入驻；针对微信用户日常点餐需要，催生了美团、饿了么等餐饮外卖品牌入驻；针对微信用户出行旅游租房的需要，催生了 7 天连锁酒店、汉庭、链家、搜房、滴滴出行、ofo 等品牌入驻。

高频需求的小程序往往用户量都非常庞大，所以流量也相对容易获取，是很多大型企业优先考虑开发的小程序类型。但是高频需求的行业因为竞争对手多，也面临着用户不稳定的情况，所以运营者在设计小程序时，要做到人性化设计，尽量留住曾经来过的每一位用户。

运营者在设计高频需求的小程序时，要考虑系统的并发量和用户的小程序使用体验，同时还要开发用户批量转化和系统安全等后台保障功能。

（2）低频需求小程序，指的是用户生活中需求较少的小程序。相对于用户租房，购房就是低频需求；相对于高频的理发，美容养颜就是低频需求；相对于维修车辆，购买新车就是低频需求。

运营过程中，低频需求小程序的明显特点就是用户量相对较少。这就需要运营者考虑如何精准获得用户、如何降低招揽用户成本、如何提升用户黏性来形成闭环交易。同时，用户低频需求的产业往往难以进行规模化经营，招揽新用户的成本也相对较高，这就更考验运营者的营销能力了。

除了小程序的高低频分类外，运营者还应该拥有挖掘用户真实需求的能力。例如，你负责运营一款国产车推广的小程序，有人说他想要一台进口的宝马车，那么他的需求是否就是那台宝马车呢？其实并不一定，或许他只是想要一台代步汽车，未必就一定要求是进口车或品牌是宝马。

如果你的小程序中并没有介绍进口宝马汽车，或许你会认为自己失去了这个用户。但事实上，你完全可以询问这位用户买车的目的，并尝试将小程序中的国产车推荐给他。

这种“隐性需求”在分析用户需求时经常会被运营者忽略，这就需要运营者设法去引导和挖掘。

所以在设计小程序之前，运营者应该深入理解自己的产品、了解将要面对的客户群体并站在用户的角度去思考购买场景，这样才能发现那些触及用户的“真正需求”。

5.10 O2O营销：打破限制，深度结合

O2O（Online To Offline）营销最早来源于美国，指的是运营者将线下的实体店铺与互联网结合，让互联网促成线下交易。

2014年以来，O2O发展十分迅速，特别是专注线下市场的微信小程序发布后，迅速推动了国内大量线下店铺使用O2O模式进行营销。

2019年1月10日，“微信之父”张小龙在广州演讲时说，现在看到越来越多的线下行业，已经用小程序来作为它和顾客的一个连接器，并且提高了效率，这都是特别好的案例。我们希望在线下，小程序以扫码的方式来触达；在线上，通过社交传播和搜索触达。O2O营销目前分为4种模式，运营者可以根据自己的产品类型进行选择。

1. 线上→线下

线上到线下的O2O模式需要运营者首先搭建线上平台，然后在线上

进行宣传推广，消费者通常会在线上消费后体验线下的服务。

这种模式是 O2O 营销最初的方案，能够大大增强线上线下的互动性。微信小程序问世后逐步开放了微信支付和地图接口，这为 O2O 模式提供了可能。

利用微信用户的海量社交流量，越来越多原有 O2O 模式的 App 开发者选择利用小程序开发线下消费软件。很多本地生活服务品牌都采用了这种模式，比如万达电影、滴滴打车、ofo 等应用。如图 5 - 29 分别为小程序“万达电影 +”“ofo 小黄车官方版”“滴滴出行”的主页。

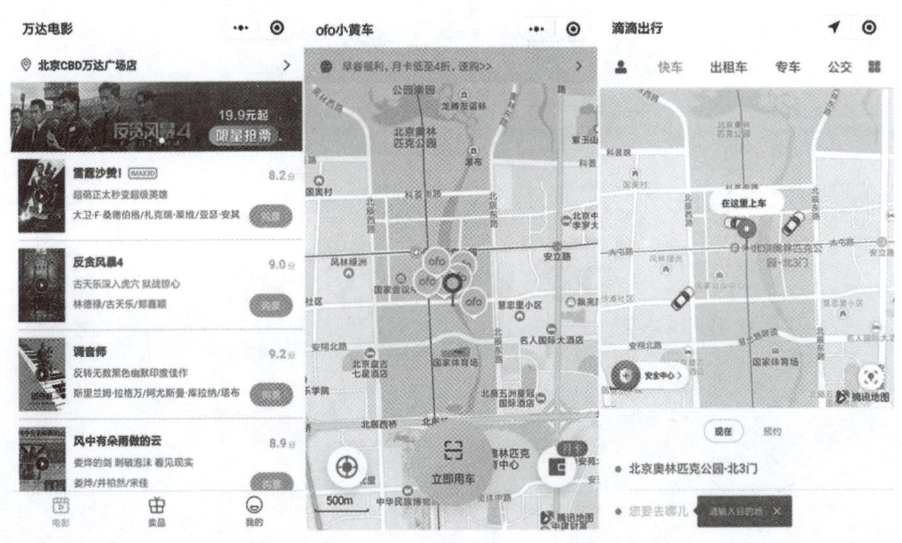

图 5 - 29

2. 线下→线上

这种 O2O 模式通常需要运营者拥有线下店铺或平台，然后设法搭建线上销售和交易平台，将线下交易部分或全部转到线上进行，使得线下实体店和在线商城能够同时向消费者出售产品。现实中，苏宁易购就是利用这种模式取得了巨大成功，如图 5 - 30 是小程序“苏宁易购”的主页。

图 5－30

目前，苏宁易购拥有 1600 多家线下店铺，而他们利用线下转线上的 O2O 模式搭建的“苏宁易购在线商城”，已经覆盖了几乎所有的线下电器和日用百货。苏宁提出“电商＋店商＋零售服务商”的 O2O 模式，将线下门店和线上购物完美地进行了无缝衔接，开启了线下到线上 O2O 模式的营销热潮。

3．线上→线下→线上

在这种先线上后线下再到线上的 O2O 模式中，运营者需要先搭建线上销售平台，然后将线上服务延伸到线下，最后让用户回到线上完成交易。

虽然这种 O2O 模式看起来很复杂，但是实际生活中很多电商和团购品牌都采用了这种模式，比如，京东商城，如图 5 - 31 为小程序“京东购物”的主页。

图 5 - 31

京东早在 2013 年就制定了 O2O 生态链：利用京东在线商城进行营销，同时线下的自营物流系统与各大实体店合作，让用户能够享受同城货运的便捷，最后再让用户回到京东在线商城完成交易。

在线下，京东投入巨资搭建物流网络，拥有 1400 个配送站和超过 1.5 万名快递员，这为京东的 O2O 营销打下了坚实的基础。同时京东与线下很多厂商和实体店合作，整合各级销售市场，与快客、好邻居、美宜佳、一团火、今日便利、利客等便利店品牌合作，用户在线上点击购物后，由合作门店完成配送服务。

除此之外，京东为了增强 O2O 模式的用户黏性，还与 SAP、IBM 等 Erp 软件合作，使用户可以在京东网站上进行定位，然后找到附近的品牌门店进行购物，进一步享受 O2O 模式带来的便利。

4. 线下→线上→线下

在这种先线下后线上再到线下的模式中，运营者需要先经营线下店铺，然后再将线下店铺分享到第三方在线平台进行交易，最后用户回到线下店铺享受服务。

在现实生活中，很多运营者为了节省成本并扩大影响力，通常都会选用如微信、支付宝、饿了么、糯米网、大众点评、美团等第三方平台委托交易。如图 5 – 32 分别为小程序“大众点评”和“美团”的主页。

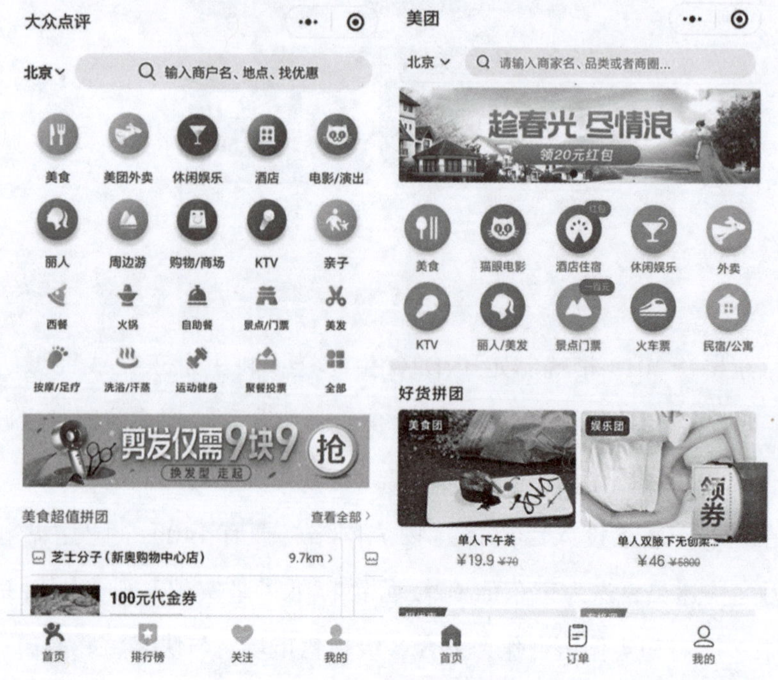

图 5 – 32

如果运营者经营线下店铺，但是并没有开发小程序的打算，这时就可以选择将店铺在第三方平台注册上线，让所有消费者都能够在网上找到你的店铺。

利用第三方平台，运营者能够在线上宣传自己的店铺信息和用户体验，让新顾客对店铺形成良好的初步印象。除此之外，像餐饮行业还可以在饿了么、美团等线上平台开通外卖 O2O 服务，这样只需要交付第三方手续费，便能够利用他们的送餐供应链，使自己收获更多订单和顾客。

随着小程序的不断发展，O2O 营销将会覆盖到生活中的各个领域。而以上这 4 种 O2O 营销模式并非独立存在，运营者在推广 O2O 营销时，可以挑选一种或多种模式相互作用，形成线上线下融会贯通的闭环 O2O 营销模式，实现店铺的创收和扩张。

疯狂吸粉引流，小程序百万访问量的秘密

6.1　今日头条引流：深挖需求，带动传播

6.2　QQ 引流：学会巩固社交阵地

6.3　百度引流：善用流量大的入口

6.4　App 引流：通过应用引流

6.5　WiFi 引流：争夺热门移动端入口

6.6　二维码引流：扫码送礼，“码”到成功

6.7　微博引流：裂变传播实时信息

6.8　视频引流：信息直观，效果明显

6.9　知乎平台引流：兴趣平台，精准引流

6.10　支付引流：深挖移动金融流量

6.1 今日头条引流：深挖需求，带动传播

目前，今日头条用户总数已经超过 7 亿，月活跃用户超过 1.75 亿，日活跃用户超过 7800 万，单用户日均使用时长超过 76 分钟，日均启动次数约为 9 次。

看到今日头条这样辉煌的“战绩”，想必运营者都不想错过这样巨大的流量推广平台。在今日头条营销可以利用以下 5 种方法：

1. 评论引流

用户在浏览文章或视频时，都喜欢习惯性地看看别人的评论，很多好的评论甚至要比文章或视频本身还要吸引人，所以运营者可以在相关领域的新闻中直接评论，宣传自己的微信小程序。例如，在每年张小龙开展微信公开课的新闻下方评论就是很好的方式。如图 6－1 为今日头条 App 中张小龙的相关新闻。

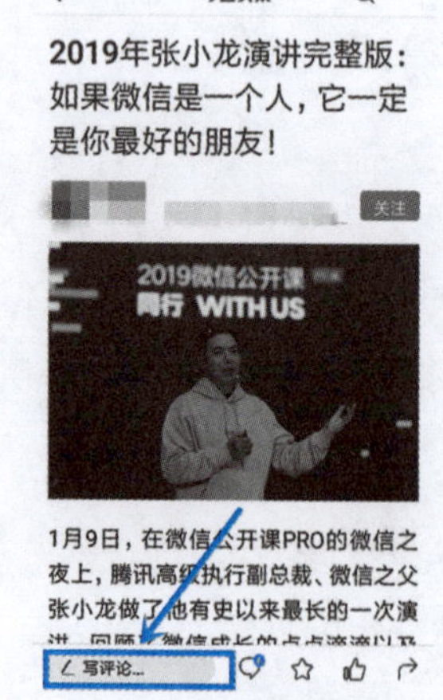

图 6－1

在今日头条中，发表评论的时间越早越好，这样才容易获得更多用户回复和点赞，同时也能够得到更多的曝光机会。为了赶在第一时间发表评论，运营者可以多关注一些

相关领域的大牛，这样他们发表文章或视频时，你就可以收到头条通知，而不用总是去刷新查看。

2. 发表头条文章/头条视频/微头条/西瓜视频/小视频

在今日头条中发表头条文章和头条视频都需要通过官方认证，运营者可以利用身份认证、兴趣认证、企业认证进行申请，通过认证后发表的推广文章和视频才能出现在今日头条的主页上。

微头条是今日头条中的一个小版块，之前已经获得了400亿流量的扶持。微头条发布时不需要进行官方认证，而且内容形式和微博差不多，都是“文字+图片”的形式，只要发布的内容有足够的吸引力，同样会受到头条用户的关注。

此外运营者还需要注意，今日头条中的视频除了上面提到的头条视频，还可以发布西瓜视频和小视频进行推广。如图6-2，分别为今日头条中“视频”“西瓜视频”“小视频”的主页。

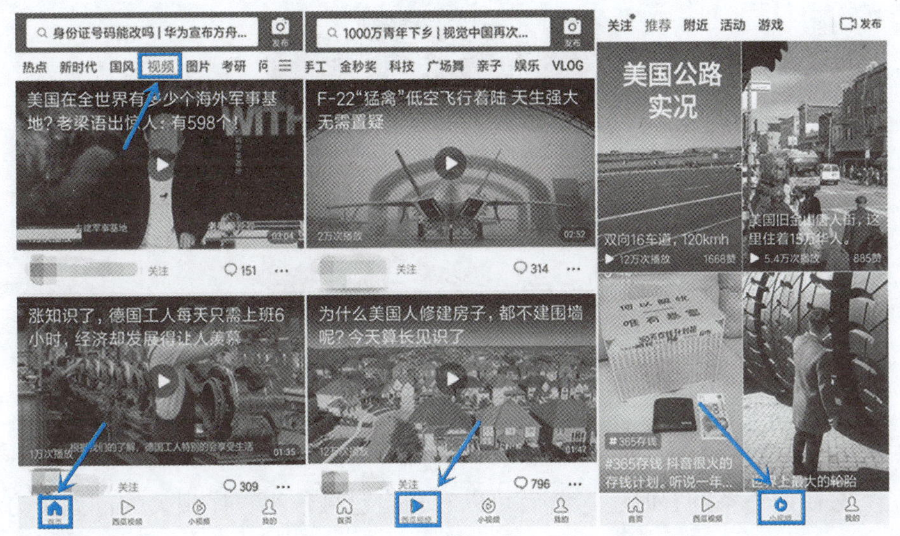

图6-2

运营者在计划发表文章之前，首先需要调查同行阅读量较高的文章，总结他们的成功经验，然后再进行写作。如果你的微信小程序经营美妆用品，那么你就可以发表一些关于化妆技巧、怎样敷面膜、唇彩知识等的文章或视频，然后在末尾或中间留下你的微信服务号或是小程序，引导头条用户添加。

3. 悟空问答

近两年今日头条新增“悟空问答”以来，很多头条用户都参与了讨论或提出问题，优秀的答案和问题每天都能获得上百万的阅读量，而且还能开通红包功能来奖励回答问题的网友。如图6－3为今日头条的“悟空问答”页面。

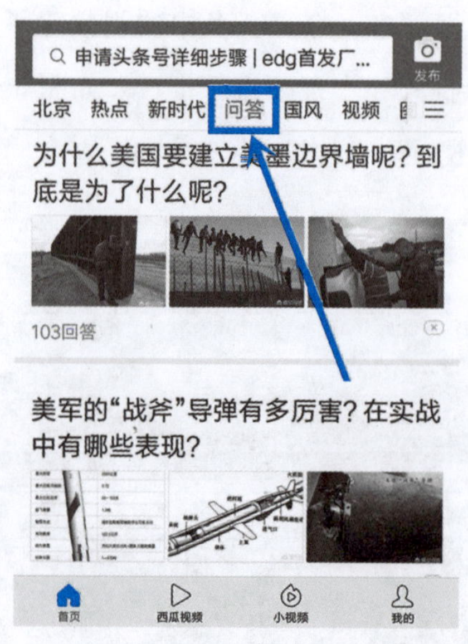

图6－3

在使用悟空问答时，运营者可以在与自己微信小程序相关的问题下方发表评论，写出走心的回答并推广小程序，这样你的回答就会被感兴趣的网友阅读和点赞，利用问答推荐机制，你的回答越受欢迎就越会被推荐给更多头条用户。

除此之外，运营者还可以主动提出问题，利用问题引导头条用户认识自己的小程序，同样也能收到良好的反馈。

4. 付费推广

截至目前，今日头条的流量已经相当于除腾讯新闻客户端外，其他所有新闻客户端产品的流量总和。如果运营者希望自己的小程序能够迅速被头条用户知晓，最便捷的办法无疑就是与头条官方合作推广，目前头条竞价广告分为以下几种：

CPC 模式。按照头条用户点击次数收费，运营者可以选择投放微信小程序的抽奖方案等活动，不仅成本相对较低，而且能够吸引大量用户。类似的，头条还有按照千次曝光收费的 CPM 模式、按照视频有效播放次数收费的 CPV 模式。

OCPC 模式。能够更为广泛地进行推广，但是需要小程序运营者至少投入 5 万元以上的广告预算。虽然这种模式的成本比较高，但是效果也非常明显，此前在头条上大家耳熟能详的手游广告，大都采用的是 OCPC 模式推广。

CPA 模式。可以按照反馈效果付费，推广效果介于 CPC 和 OCPC 之间。很多大型的婚纱摄影、旅游集团、教育培训企业都采用这个模式，由于 CPA 模式可以按照单个用户反馈成本进行按需投放，所以运营者可以随时调整广告预算，推广内容如果价值很高，效果甚至可以超过 OCPC 模式。

5. 开发头条小程序

今日头条在 2018 年 11 月 17 日正式开通头条小程序功能，如果运营者曾经在今日头条中积攒了很多粉丝基础，就可以在开发头条小程序后直接与头条号进行关联，方便用户直接从头条号主页进入头条小程序。如图 6 -4分别是“今日头条”小程序的入口和搜索框。

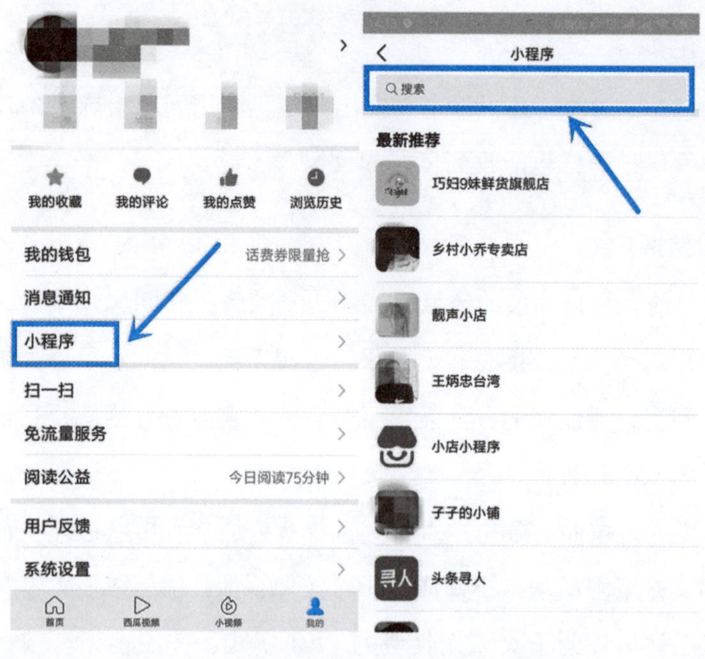

图 6－4

同样，微信小程序的运营者如果想要在今日头条中进一步推广自己的产品，可以选择开发一款头条小程序。同时利用今日头条和微信这两大流量平台，运营者一定能够迅速发展和推广自己的店铺。

总的来说，今日头条是自媒体人的“春天”，同样也是小程序运营者的“土壤”。利用今日头条庞大的用户基数和强大的推广能力，绝对可以实现优秀的引流效果。

6.2 QQ 引流：学会巩固社交阵地

QQ 月活跃用户超过 8.5 亿，其中年轻人占的比例较大；而且随着腾讯逐步放开 QQ 与微信之间的接口，QQ 注定是小程序引流过程中最大的平台。运营者利用 QQ 推广小程序时，可以采用以下 3 个方法：

1. QQ 群引流

QQ 群作为传统的社交平台，发展已经十分成熟，并且涵盖了生活、运动、交友、玩乐、行业等各种分类。2018 年 9 月，QQ 官方允许群主通过认证建立 5000 人的 QQ 群，这对利用 QQ 进行营销和推广的运营者来说是极大的利好消息。运营者可以根据自己小程序的经营类型，搜索相关关键字后申请入群，在成功加入 QQ 群后，可以向群成员推广自己的小程序。

进行 QQ 分享时，运营者要在微信点击文章右上角的“…”，再点击“分享到手机 QQ”，然后选择对应的 QQ 群即可引流。群成员点击运营者分享的链接后，可以选择跳转到微信并进入小程序。如图 6 -5，分别为公众号“问卷星”文章页面图和分享到 QQ 群中的效果图。

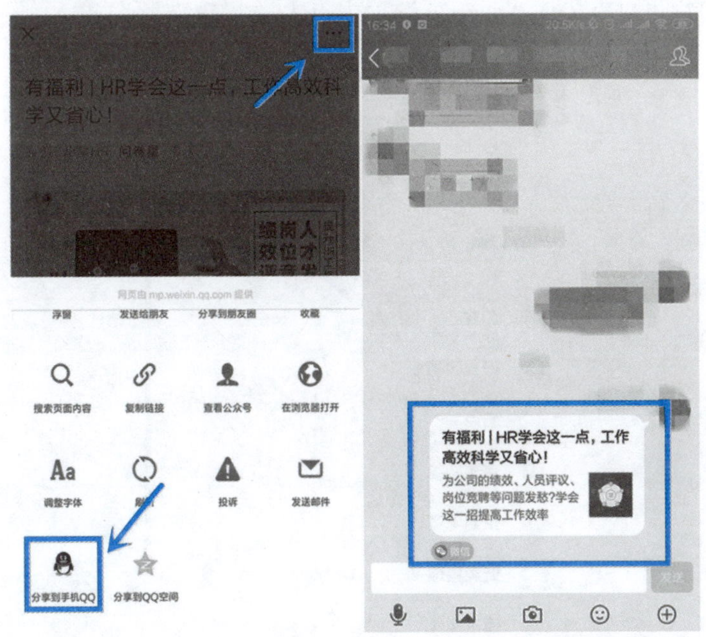

图 6 -5

组建兴趣群是营销中常用的手段，运营者也可以将用户加入自己建立的 QQ 群中，不仅要经常和群友互动，而且还要分享小程序的相关内容，慢慢培养与群友之间的信任，争取在 QQ 群中找到稳定客户。

除了直接在 QQ 群分享链接和聊天推荐外，运营者还可以利用口令红包激励群成员点击链接，这样能够有效地调动群友使用小程序的积极性。需要注意的是，每天最多只能加入 10 个 QQ 群，运营者可以申请多个 QQ 号同时进行引流推广，尽快将 QQ 群人数加满。

2. 兴趣部落引流

想必 QQ 用户都知道兴趣部落有明星、校园、动漫、星座等各种分类，而且还可以在帖子中找到心仪的爱好群组。简单来说，兴趣部落类似于百度贴吧，当 QQ 用户关注某个部落后，就可以进入浏览和发帖。如图 6-6，用户可以在 QQ“动态”选项中点击“兴趣部落”进入。

图 6-6

兴趣部落中，不同的部落会有不同的粉丝关注，这就形成了定向的流量聚集地。运营者可以在各种部落分类中找到与自己微信小程序相关的部落并加入，然后发布帖子或回复评论来推广自己的微信小程序。如图 6－7，分别为兴趣部落的“兴趣圈”“话题”和“部落”页面。

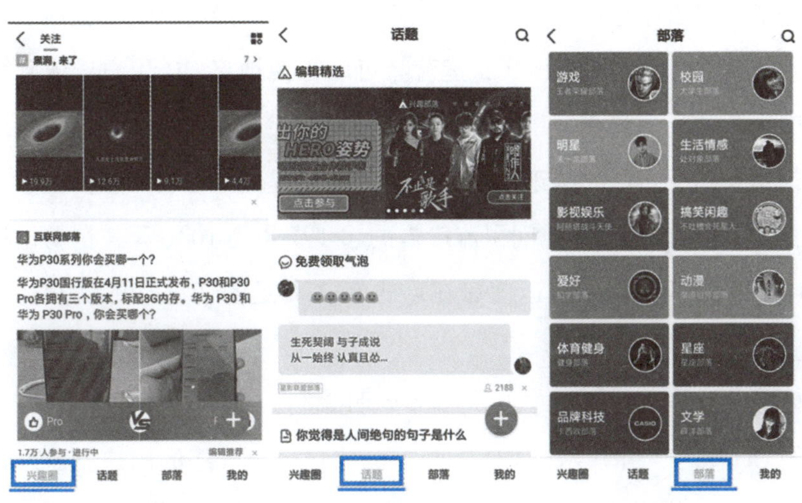

图 6－7

利用兴趣部落推广时，运营者关键要定位好自己的小程序所属的部落群体。例如，你做的是情感类小程序，那就直接去“生活情感”中发帖即可，不要为了追求推广范围而发到其他部落，那样不仅会引起其他部落的 QQ 用户反感，而且还有可能被官方删帖或制裁。

兴趣部落中还有一个特殊功能，运营者可以在关注的兴趣部落连续签到 7 天，然后等发帖数达到 500 以上时，能够点亮“达人”图标，这样你的名片会展示到名人堂，被推荐给更多的 QQ 兴趣部落用户。

3. QQ 空间引流

根据 2018 年腾讯财报显示，目前 QQ 空间月活跃数量为 5.62 亿，并且 6 成以上的用户都是 90 后的年轻人，通过利用 QQ 空间进行公众号的推广宣传，可以为微信小程序带来相对年轻的用户群体。

以往 QQ 空间中的广告包括品牌页卡广告、互动广告、全景交互广告、沉浸式视频等。2018 年 6 月，QQ 空间与微信小程序展开合作，运营者可以将含有小程序图片的公众号文章发布在 QQ 空间中，用户在 QQ 空间的文章中点击小程序图片后，可以直接跳转到对应的微信小程序。

运用这种新型的引流模式，运营者可以方便地将 QQ 用户导流到微信小程序。此外，运营者利用公众号文章作为桥梁，可以将微信和 QQ 连接起来，建立属于自己的腾讯用户闭环，进一步提升自己的品牌价值。

需要注意的是，QQ 空间引流广告的起步费用为 10 万元，在腾讯推广平台中属于最低的价格，运营者在广告预算充足的情况下可以尝试这个办法。

利用以上简单可行的方法，运营者可以将自己的小程序推广到有 6 亿用户的 QQ 平台，并开始在 QQ 平台上沉淀自己小程序的用户。通过新的平台拓展，运营者也可以尽快将“流量”变现，创造微信小程序新的业绩。

6.3 百度引流：善用流量大的入口

百度作为国内最大的搜索引擎，每天都有超过 2.5 亿人次的用户访问。同时，百度给自己产品的搜索权重都很高，在用户的搜索结果页面上，百度的各种平台往往是用户点击量最高的。作为小程序的运营者，可以在以下平台进行推广：

1. 百度贴吧

百度贴吧是全球最大的中文社区，各种帖子的主题几乎涵盖了生活的各个方面。运营者可以利用贴吧的精准分类，迅速找到自己小程序的相关贴吧，然后就可以直接发表推广微信小程序的帖子。如图 6－8 为发帖后的效果图。

图 6－8

前期发帖引流时，运营者最好不要直接留下小程序的名字或是二维码图片，而是要学会用营销软文去发布精华帖。例如，运营者可以去百度搜索小程序相关的文章作为帖子内容，最好可以找到与之关联的热点新闻，这样能够让运营者的帖子有很好的浏览和互动效果。

当有吧友回复帖子时，运营者可以与吧友进行互动，充当客服的角色。例如，回答吧友疑问、虚心接受批评和意见，最后在适当的时机引导吧友使用自己的微信小程序。运营者还要注意，贴吧的默认显示方式是按照回帖时间排序，运营者可以在帖子沉下去时发表评论让帖子重新置顶。

除此之外，运营者还可以与小程序相关贴吧的吧主进行合作，支付一定费用后，让吧主在贴吧发布“置顶帖”来进行推广，这样才能够达到贴吧引流的最大效果。

2. 百度知道/百度文库/百度百科/百家号/百度经验/百度网盘

与百度贴吧不同，这几个平台偏向于直接向用户展示推广信息，无法及时与用户进行沟通交流。

在百度知道平台中，运营者可以找到自己小程序对应的产品分类，然后对用户提出的问题进行解答，末尾可以留下自己小程序的名字和介绍。这样你在帮助别人解答问题的同时还能够进行推广，未来有网友浏览这个问题和答案时，也能够看到你推广的小程序并进行访问。

百度文库平台可以上传 doc、ppt、txt 等格式的文档，但是普通用户上传的文档中不允许包含联系方式。运营者开通百度文库 VIP 后，可以写一些小程序相关的知识和软文，然后在文章末尾添加自己微信小程序的名字和二维码进行推广。

百度百科主要适用于具有一定规模的小程序进行推广，因为新的小程序在没有权威新闻媒体发布的新闻时，无法通过百度百科的官方词条审核。

百家号是百度旗下的内容生产和分发平台，只要运营者的推广文章内容好、质量高，借助百度平台的推广，一篇文章也能有上万的阅读量和转载量。经常发布优质文章的百家号，能够沉淀一定数量的粉丝，甚至可以让粉丝养成固定时间阅读的习惯，这一点百家号和公众号十分类似。

百度经验是百度推出的生活知识分享平台，运营者可以提出与自己小程序相关的问题和答案，或者是发布经验视频。百度经验中的图片添加水印也可以通过审核，小程序运营者可以在图片中打上水印，进一步增加推广效果。

百度网盘是国内最大的网络备份、同步和分享平台，运营者可以与使用百度网盘的软件下载站合作，在小程序相关软件的压缩包中，加入小程序的推广页或是将小程序的名字作为解压密码，这样可以大大增加小程序在百度网盘的曝光量和知名度。

3. 百度推广

百度推广是百度搜索引擎推出的营销平台，通常是在百度搜索结果的显著位置显示运营者的推广信息。

首次使用时，运营者可以将自己的小程序宣传文案、图片或视频发给百度推广并缴纳基础费用，当用户点击广告时，会从基础费用中扣除，小程序运营者可以通过随时调整投放预算来自由控制百度推广的宣传费用。

此外，百度推广还能够让运营者选择小程序的关键词，或是按照地域、时间定向对搜索用户进行精准的广告投放。这样不仅能够节省运营者的开支，而且还能够锁定目标用户进行针对性营销。

利用百度庞大的生态体系，运营者可以同时在百度内部多个平台进行引流推广。同时凭借百度巨大的搜索流量，也能让小程序的知名度节节攀升，让更多的百度用户加入到小程序中。

6.4 App 引流：通过应用引流

微信小程序作为精简版的 App，其优势非常明显，实现了所谓的“无需安装、触手可及、用完即走、无需卸载”。但对于创业者和 App 开发者而言，由于小程序接口少且无法进行消息推送，导致用户留存率不高。

能否将 App 中的用户引流到小程序、并让用户养成使用小程序的习惯，是运营者非常关注的问题，下列几种切实可行的引流方法成效显著：

1. 投放广告

工信部数据显示，截至 2018 年 12 月底，我国市场上的 App 总数已经达到 449 万款。运营者选择投放广告也需要注意技巧和方法，这样才能让回报最大化。

运营者首先要调查小程序对应用户的地域分布、性别比例、年龄结构、知识层次、收入情况、喜好倾向、社交习惯等特征，然后选择对应定位的 App 进行合作，这些 App 积累的用户使用小程序的概率会比较高。

除了精准的 App 定位，运营者还需要设计富有创意的广告，这不仅能够让投放事半功倍、利用高转化率扩大营销触及面，而且还能大大增强品牌的影响力。投放前，运营者还要从 Push、弹窗、焦点图等方式中选取适当的投放方案，避免引起 App 用户的反感。

广告发布后，运营者还需要对投放广告的 App 进行数据监测与分析，尽早地发现问题并进行优化。例如，当点击率和新增小程序用户数量不成正比时，很有可能是平台选择或广告内容出现了问题。

2. 发布相关活动

运营者可以在小程序相关 App 上发布活动，并在最后引导 App 使用者访问小程序。例如，运营者可以进行课程讲解，以分享行业资料、干货等形式吸引用户，然后要求他们前往自己的小程序中报名并获取文档解压密码。

如图 6－9 是“豆瓣” App 中的一个活动展示页面，有兴趣参加活动的用户会添加发布者的微信。

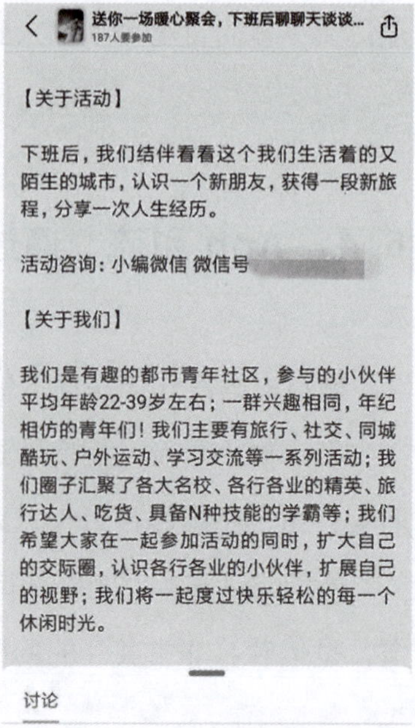

图 6－9

除了像豆瓣活动这样嵌入式的活动展示页，还有很多专门负责组织活动的 App 可供运营者使用，如活动行、领秀、爱活动、互动吧、活动树等。

利用这些 App，运营者不仅可以发布线上小程序分享的活动，还可以组织线下活动，面对面地向用户推荐自己的小程序，如开展创业分享、线下沙龙、周末去哪、音乐狂欢、读书画画等活动。进行线下推广不仅可以拉近运营者与用户之间的距离，让交流畅通无阻，还能够获得较线上更为稳定的用户依赖度。

3. 社交推广

除了常见的微信、QQ、贴吧和微博这样的大众社交 App，还有一些 App 有着固定数量的用户群体，同样可以让小程序运营者进行推广。如豆瓣小组、陌陌、人人网、探探、易信、米聊等 App。

如图 6－10 是在“豆瓣” App 的“旅游小组”中发布的帖子，得到了小组用户的积极响应，共有近 900 条回复。

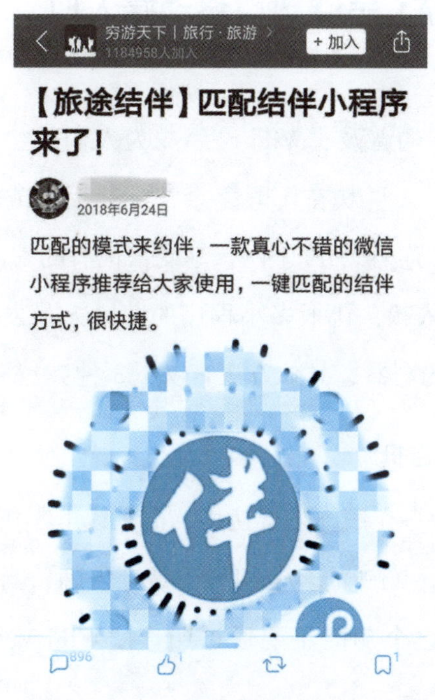

图 6－10

很多运营者在利用App进行推广时，都会忽略这些相对小众的App。但事实上，这些App经过多年的沉淀，已经积累了相对稳定的活跃用户，尽管单独某款App的用户并不多，但是多款App叠加在一起就会有上千万的潜在用户等待运营者去发掘。

从整体来看，App推广小程序需要经过3个阶段，分别是种子客户推广期、增长式推广期和爆发式推广期。

在这几个阶段中，运营者应该在前期耐心寻找种子客户和小程序定位，中期认真策划App中的活动和广告内容，后期在用户高速增长时做好充足的项目预算和产品供给。通过有条不紊的营销策略，才能够达到理想的App引流效果。

6.5 WiFi引流：争夺热门移动端入口

随着移动互联网的普及，WiFi已经成为人们的生活必备。都市生活中，越来越多的年轻人喜欢在闲暇之余，带着手机或笔记本电脑到咖啡厅、茶馆这样的地方连着WiFi上网，享受繁忙后的安静。

用户对WiFi的依赖，让很多小程序的营销人员发现了商机，渐渐将WiFi变成推广引流的利器，具体方法有以下3种：

1. WiFi热点广告机

目前，小程序大多在线下场景使用，很多线下零售商会选择用多个免费WiFi来招揽顾客。WiFi的名字相当于是广告牌，当用户打开手机扫描时也能自动连接，这个功能主要通过叫作“WiFi热点广告机”的设备实现。

如图 6－11 是利用 WiFi 热点广告机后在手机上显示的效果图，这种设备可以虚拟出 16 个 WiFi 热点，每个热点名称允许输入长达 160 个汉字，而且还支持使用 Emoji 表情、颜文字等特殊符号，附近的手机和笔记本搜索到后，能够按照顺序展示，运营者可以按照自己小程序的特点随时修改推广语。

利用 WiFi 热点广告机，小程序运营者可以用极低的成本做广告。无论是在办公室、饭店、商场，只要附近的用户打开 WiFi 搜索功能，都可以收到广告消息，相当于附近 1 万平方米 24 小时全方位无死角的广告牌。

图 6－11

2. 连接弹窗

除了利用 WiFi 热点广告机，很多商用 WiFi 也会使用连接弹窗来进行产品推广。这种方案不会对用户搜索网络造成影响，同时可以精准地向店内用户进行营销。

例如像肯德基、麦当劳、星巴克这样的连锁餐厅，当用户连接这些商家的免费 WiFi 后，无法直接上网，需要进入认证页面输入手机号并获取动态码，最后输入对应的密码才能通过路由器的认证，这时商家就会利用“连接成功！”的页面发布广告，在页面添加一些最新的产品信息和优惠券，引导连接店内 WiFi 的用户进行消费。

3. “微信连 WiFi”插件

早在2015年5月18日，微信团队就已经面向所有公众号开放了“微信连 WiFi”功能，商户能够开通微信连 WiFi 插件，向关注公众号的用户提供 WiFi 服务。后来小程序问世，运营者便可以将微信与小程序进行绑定。

用户在使用微信连接店铺 WiFi 时，微信会弹出 WiFi 认证页面，当用户关注店铺公众号后可以弹出“连接成功!”的页面，可以在页面上放置小程序的二维码来进行推广。

在这种线下环境中，微信官方提供的这个插件功能是一套完整、便捷的 WiFi 连接方案，运营者可以更好地对线下用户进行 WiFi 引流；同时利用小程序的功能去拓展，引导用户连接 WiFi 后主动使用运营者店铺的小程序。

6.6 二维码引流：扫码送礼，“码”到成功

二维码作为新的信息展示方式，最大的优点就是简单和便利。现在很多人不带现金出门已是常态，因为基本所有线下店铺都支持使用二维码消费。此外，二维码还促使用户进行远距离消费，在家里就能够通过扫描二维码进入各种在线购物平台。

2017年4月，小程序官方团队正式上线二维码，并支持长按二维码进入小程序。对于小程序线上推广来说，长按识别功能出现后，使小程序更容易进行推广。用户在微信好友、群、公众号图文、朋友圈发布二维码，对方就能点击启动小程序。

小程序运营者如果想利用二维码进行推广，关键就是要设法将自己店铺的二维码尽可能广泛地宣传，让更多用户扫码进入小程序，具体有如下 3 种方法：

1. 商品附带二维码

现在，一些服装企业会在自己产品的标签上，印上这款产品的二维码，用户扫描后可以直接跳转到这款衣服的介绍网页，包括设计灵感、制作流程、走秀效果图等信息。

这样，服装制造商就让每款型号的衣服都拥有了自己的故事，让简简单单的布料也拥有了灵魂，用户潜移默化中会认为：自己穿上这件衣服，也会成为一个有故事的人。如图 6－12 为服装“贵牧人”标签二维码的效果图。

图 6－12

同理，运营者可以将自己小程序的二维码打印出来，并粘贴在商品上。这样就可以利用二维码增加产品的价值，提升用户体验，进而也能增强用户的信任感和购买的欲望。如图 6－13 是“良品铺子”小票上附带二维码的购物清单。

图 6-13

2. 开展二维码活动

除了在商品和购物清单中加入二维码，线下运营者还可以将小程序的二维码打印在 A4 纸张或宣传海报上，张贴在店铺的显著位置并引导用户扫码。

同时，运营者可以在二维码附近配以各种促销信息进行宣传，如“扫码送优惠券”“新用户扫码送大礼”“××购物节扫码全场折扣”等，吸引消费者扫码参与活动，将用户群体成功引流到自己的微信小程序中。

利用微信小程序的后台信息，运营者可以追踪、统计用户在活动期间的购买情况，也便于自己进行消费者群体分析，根据得到的数据适时调整营销策略。

在整个过程中，运营者仅通过一次促销活动，便可以在线上收获小程序的使用者，在线下获得销售利润，利用二维码实现了“促销+引流”的双重任务。

3. 线上二维码推广

线上二维码的推广方法多种多样，如官方宣传（服务号/简书/微博/官网）、流量分发（抖音/百家号/头条号/大鱼号）、辅助 SEO（搜狐号/知乎/360 图书馆/博客/百度系列产品）、自建 KOL（公众号/小红书）、传统营销（短信/电销/EDM）、广告（百度网盟/行业大 V/媒体宣传）等，运营者可根据小程序的特性自由选择。

二维码推广的潜力非常大，它具有的创新性、互动性使传统广告变得黯淡无光。同时，运营者还可以将二维码融入各种营销活动中，往往只需投入极小的费用，就可以看到巨大的推广效果，具有极高的投资性价比。

6.7 微博引流：裂变传播实时信息

自 2009 年微博面世以来，经过 10 年的发展，目前月活跃用户达到 4.62 亿，每日活跃用户达到 2 亿，且月活跃用户中 93% 为移动端用户。相较其他媒体平台，微博在内容创作、热门事件、社交互动的传播等方面有着独特的优势。

作为中国最有影响力的社交媒体，微博在 2018 年的广告收入同比增长 77%，向很多品牌客户和创业者证明了微博的营销价值。利用微博官方提供的丰富功能，运营者可以采取以下方法进行引流：

1. 微博热搜榜引流

微博热搜榜中显示的话题是当前微博用户搜索和关注度最高的热点话题，每分钟都会进行更新，同时考虑到微博平台的用户基数和影响范围，这个榜单中的话题通常也是全网的热门话题。如图 6-14 为微博热搜榜显示的实时热点。

利用微博热搜榜的特点，运营者可以在热搜榜中找到相关的话题并发布微博，在微博中宣传自己的小程序。当其他微博用户搜索热点关键词时，你的那条推广微博就会被优先显示，这种营销方法在网上被称为“蹭热点”。

发布微博前，运营者首先需要注册营销微博账号，微博名称和头像通常与小程序的名称和图标一致，这样可以让用户直接知道你的营销目的。

图 6-14

作为小程序的营销账号，运营者还需要开通微博会员并发布一篇置顶微博，内容主要是介绍自己经营的商品信息、微信小程序名称和二维码。

包装完微博账号后，如果有条件运营者可以申请微博官方账号认证，以提升自己的微博被其他用户搜索时显示顺序的优先级。

针对每个和自己小程序相关的实时热点，运营者需要有自己独特的见解，在微博开头不要直接写宣传的内容，而是应该用你的语言去吸引微博用户的注意力。

如果你经营的是化妆品，就可以利用如图 6-14 中“亚洲最时尚面孔排名”这个热点，描写某个明星的化妆类型和大致方法，然后在微博结尾处引导用户搜索小程序或是访问自己的微博主页查看更多产品信息。

2. 热门话题引流

话题是微博非常重要的一项功能，主要通过“#话题词#”的形式发布，并且不同的话题，在微博都有专门的话题内容主页。而话题分为普通话题和超级话题，超级话题下微博众多不容易得到展示，普通话题中微博数量少但关注量也少，运营者可以挑选相关话题进行效果测试。

如图6-15是话题“美食时间”的主页，目前已经有超过14.9万条的相关微博和2.2亿的阅读量。对于经营美食类小程序的运营者来说，发布这个话题的微博就能够吸引非常多关注美食的微博用户访问自己的小程序。

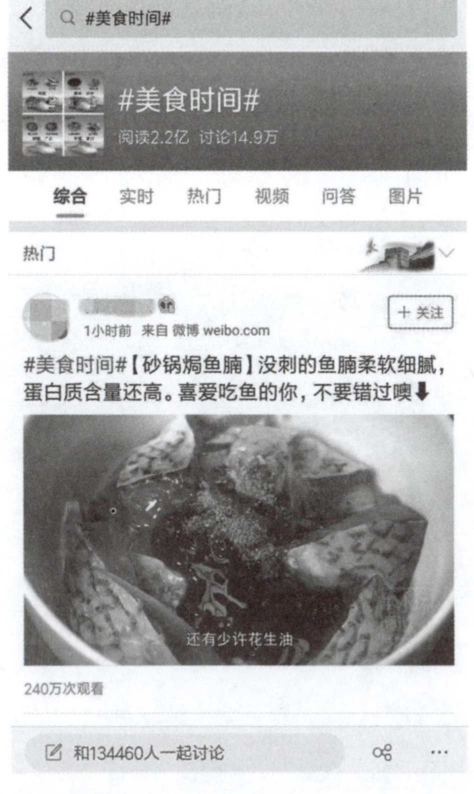

图6-15

在微博话题中，有的话题会有“话题主持人”。运营者不仅可以发布一个没有被其他微博用户使用过的全新话题、然后成为主持人，也可以去已有的话题中与他人竞选成为主持人。

如果运营者成为某个微博话题的主持人，就可以将你曾经发布的宣传微信小程序的微博在这个话题中置顶，让所有找到这个话题的用户都能看到。此外，话题主持人可以设置“发布该话题时需要先关注”的要求，这样可以进一步提升微博用户对该话题的关注度。

3. 微博名排行引流

当微博用户在搜索栏搜索某个关键词并筛选“用户”时，会看到很多与搜索词相关的账号依次排列，这就是微博名排行。

用户在搜索相关的微博名时，往往会信任排名较靠前的账号，而排名靠后的微博名甚至都不会被用户浏览到。如图6－16是微博搜索“进口奶粉”后展示的用户页面。

图6－16

为了提高自己微博的影响力，运营者要设法提升自己微博的排行。通常的做法是通过提升自己的粉丝数量、完善微博账号的信息、加 V 认证来增加账号权重。

在微博用户眼中，加 V 用户的言论显得更有分量，对其关注的意向也要超过普通用户。最关键的是，加 V 认证后微博用户发表的微博会被各大搜索引擎收录，这相当于免费给自己的微博做了外链广告宣传，可以大大增加微博的知名度和影响力。

目前微博官方的 V 认证可以申请身份认证、兴趣认证、自媒体认证、官方认证，根据微博日后的经营方向，小程序运营者需要选择其中之一进行认证申请。

4. 头条文章引流

微博的头条文章没有发布字数限制，功能与普通的博文一样，运营者可以将自己的各项产品信息写入头条文章后在微博发表。

如图 6 - 17 是头条文章发布后的显示效果，该作者直接将微信小程序的二维码作为头条文章封面进行推广，同时微博用户可以点击该图片查看文章的详细内容。

以头条文章的形式进行引流，其内容比一般微博更为丰富和详细，真正做到了营销文案的图文并茂。运营者可以寻找一些与小程序相关的实用性知识，然后在末尾推广自己的小程序。这样不仅不会引起微博用户反感，而且还会让他们认为学到了新的知识。

图 6 - 17

需要注意的是，头条文章的搜索结果并不都是实时更新的。如果你的微博账号不是实时号，需要等待很长时间才能在搜索结果中展示。新的运营者为了将自己的微博号升级为实时号，可以通过提升微博内容的原创度、健康度、活跃度、阅读量、互动程度这 5 个维度来实现。

5. 抽奖引流

利用微博官方的抽奖平台，运营者可以组织抽奖活动进行推广。如图 6－18是微博抽奖的设置页面，运营者可以设置各项抽奖条件。

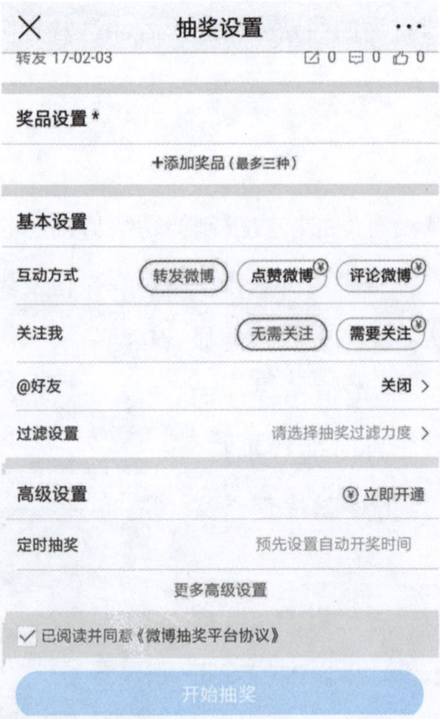

图 6－18

如果开通新浪官方的“超级粉丝服务包”，运营者就会拥有多项抽奖特权。例如设置抽奖条件中的互动方式、关注要求、地域限定、过滤程度等功能，让运营者组织的微博抽奖活动可以有更多人参与，还可设置点赞、评论、关注等，增加自己营销微博的热度。

事实上，微博引流的方式还有很多，需要运营者进一步发掘微博的各项功能。在推广的过程中，运营者需要注重产品价值的传递，并积极增加与微博用户间的互动，而且还要注重微博文案的质量。做到这几点，才能充分利用微博平台有效地将更多潜在的微博用户引流到微信小程序中。

6.8 视频引流：信息直观，效果明显

目前，用户在网络上获取资讯和社交的需求是碎片化的，大家每天平均在单个应用上投入的时间不超过 15 分钟，因此运营者需要在较短的时间内利用优质的内容吸引用户使用。

很多营销人员正是利用了这点，纷纷制作直观感更强的视频进行营销，改变了商家仅用图文推广的传统营销模式。在利用视频引流时，运营者可以使用如下 5 个方法：

1. 短视频平台引流

根据 2018 年国内短视频行业的最新统计，目前短视频月活跃用户达到 5.8 亿。在短视频营销时代，生活节奏越来越快，短视频这种碎片式娱乐方式越来越受到人们的欢迎。

小程序运营者可以选择在秒拍、快手、西瓜视频、美拍、梨视频等各大平台建立小程序运营账号，制作门槛低、容易上手的 5 分钟以内宣传片并进行发布，便可以吸引短视频用户使用小程序。如图 6－19 分别是 App “秒拍”“快手”“西瓜视频” 的主页。

图 6－19

制作短视频广告时，运营者需要将视频时长控制在 5 分钟以内，否则无法通过发布平台审核。视频主要围绕自己经营的产品内容进行介绍，并在视频角落或结尾处显示微信小程序的二维码。

发布短视频时，运营者需要根据实时热点或某些关键词，选取一个非常引人注目的标题。然后在视频描述部分放入你的微信公众号、小程序名称、微博名等其他平台信息，以便有兴趣的用户进一步了解。最后运营者还要为视频添加适当的“标签”，这样用户的搜索内容即使不与视频标题匹配，你的视频也会显示在用户的搜索列表中。

此外，有的短视频平台允许发布者选取某张图片作为短视频的封面。这就需要运营者根据小程序的特点或是相关的热度人物，设计并美化封面，争取吸引更多用户在看到封面后点击浏览视频。

2. 投放广告引流

根据 2018 年美兰德数据统计，目前国内在线视频用户已经超过 6 亿人。所以，除了上述没有广告的短视频平台，运营者还可以制作几十秒的宣传视频，投放到含有广告的在线视频网站，如爱奇艺、腾讯视频、搜狐视频、优酷视频等。

以爱奇艺为例，他们的视频广告支持在网站的诸多位置进行投放，如推荐页、前置视频、视频浮层、搜索页等。在计费方式上，小程序运营者可以自由选择 CPM（按千次曝光计费）、CPC（按点击计费）、CPV（按观看次数计费）等方式进行计费。

通过大型在线视频网站的广告投放，可以精准地将广告推送给正在浏览小程序相关视频的用户，是非常有效的引流方式。而且这些视频网站通常会有专业的视频广告制作商，运营者也可以将自己的小程序内容发给制作商，由他们设计出简短且优质的视频广告，这样可以使投放回报最大化。

3. 网红视频引流

运营者还可以与粉丝数量较高的知名 UP 主（UP 是 upload 的简称，通常指视频/音频的上传者）进行商业合作，让他们在视频的开头、末尾、简介中嵌入自己小程序的广告。

让拥有几十万甚至是上百万关注量的网红来宣传自己的小程序，利用的就是粉丝效应。举例来说，如果你非常欣赏某家店铺的销售人员，就会对他推销的产品有一定的好感。观看视频的用户也一样，用户关注网红是因为喜欢他/她的视频制作风格，所以自然也会对网红发布的小程序推广视频产生兴趣和使用的意向。

4. 直播宣传引流

随着互联网的发展，近几年出现了一种叫网络主播的新职业，他们大多以游戏直播与娱乐直播为主。根据 2018 年 6 月的统计数据显示，我国目前的直播用户超过 4 亿。

现在很多公司年会和新产品的发布会都会开通网络直播，为的是能够让更多观看直播的用户知晓自己企业的文化和产品信息，从而得到更好的社会口碑和更多的产品销量。

作为小程序的运营者，同样也可以利用网络直播来宣传自己的产品。首先要挑选合适的直播平台，然后注册账号并提交审核，通过审核后就可以进行直播。

在直播推广过程中，运营者可以利用直播娱乐化的特点，首先向直播用户讲解相关的知识，最后再介绍自己的产品。直播期间，运营者可以通过抽奖赠送等方法，来提高观众参与购买的积极性。

例如，销售衣服的微商可以直播讲述一些穿搭方面的知识和技巧，并且积极与观众互动并回答他们提出的问题，然后再推出自己推广品牌的服装。

5. 电视引流

电视节目的受众范围大、传播范围广，运营者除了邀请明星宣传外，还可以利用热映的电影、电视剧、综艺节目推广自己的产品。

在用户关注度非常高的影视作品出现后，运营者可以利用这些视频的高热度特点，发表一些相关的影评，并在末尾植入小程序广告。

例如，电视剧《新白娘子传奇》热映时，每周会更新 6 集，运营者就可以在撰写影评时将标题命名为“《新白娘子传奇》××集预测”“《新白娘子传奇》大结局分析”，这样发布的影评会受到大量关注该电视剧用户的浏览，如果他们认为影评参考价值高，同样也会主动试用运营者推广的小程序。

视频引流作为一种非常有效的推广模式，最重要的使用关键是保证视频内容的质量，只有观众在观看营销视频时肯定营销产品的质量，才会发生进一步的购买行为。此外，运营者还要在视频中体现出自己重视用户，尽量打消用户的疑虑，用耐心和真诚打动潜在的消费者。

6.9 知乎平台引流：兴趣平台，精准引流

知乎是一个专注网络问答的社区平台，用户可以在这里分享知识、经验和见解，在提出问题时，也能够得到高效可信的回答。截至 2018 年 11 月底，知乎用户人数突破 2.2 亿，问题数超过 3000 万，回答数超过 1.3 亿。

在知乎平台上的用户大部分都喜欢深度阅读，所以当运营者通过知乎文章进行推广后，很多用户能够有耐心地看完再决定是否使用。知乎用户这样耐心的阅读习惯可以给运营者充分阐述产品优点的机会，而且也能够让知乎引流得到更高的用户转化率。

开始知乎引流前，运营者需要注册账号并填写专业类别。在进行知乎账号包装时，运营者的知乎昵称和头像应尽量与小程序的名称和图标保持一致，编辑的个人资料、简介等信息也要认真填写，这样在以后引流时，也可以让访问自己主页的用户产生信任感。利用知乎官方提供的 3 大入口，运营者可以在知乎平台进行引流：

1. 知乎问答引流

知乎问答的模式和百度知道类似，都是提问者发出问题后，邀请某些人或由感兴趣的用户提交回答。利用这个原理，运营者可以使用提出问题的方式推广自己的微信小程序。

知乎为用户推荐问题时，会根据用户的历史浏览情况和关注内容进行推送，所以运营者在提出问题时，一定要保证问题关键词的精准，确保自

己的问题能够精准地推送给潜在的知乎用户。

提出问题时也应该讲究技巧。如果你运营的是一款英语学习类小程序，就可以用“从前讨厌英语的人，是如何过专八的?”这句话作为标题。那些想学习英语的知乎用户看到后，大都会出于好奇心点击查看到底是什么学习方法。

如图 6 - 20 所示，运营者发布知乎问题后会在用户的“推荐”栏目中展示，当问题的回复数和点赞数很多时，问题就会出现在“热榜”栏目中。

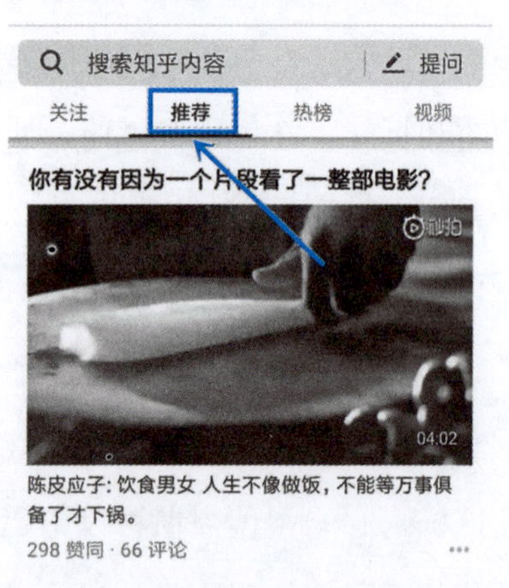

图 6 - 20

运营者除了利用提问的方式介绍产品外，还可以寻找小程序相关的问题，在回答中推广自己的小程序。在一些实时热点问题和常规热门问题下方进行回答，往往要比自己提出问题效果好。因为这些问题非常热门，会被推荐给更多的知乎用户，而运营者在这些问题中回答，相当于参加了一次免费的宣传推广。

回答问题时，运营者应该遵循知乎优质问答的理念，不要一蹴而就直接宣传自己的小程序，或是为了追求效率去搬运答案。运营者应该针对问题给出专业的解答，这样其他的知乎用户看到切实有效的解决办法后，才会对你产生信任，进而他们才会考虑使用你推广的小程序。

知乎问题的回答是按照用户点赞和评论数量的权重默认排序的，运营者如果希望提高自己回答的排名，需要将问题分享到其他平台，优质的回答加上广泛的分享，可以让自己的回答得到更多的点赞和评论，这样自然就可以让回答得到优先显示。

2. 知乎话题引流

根据自己小程序的分类，运营者可以寻找对应的知乎话题，然后到话题中发表文章直接进行推广。例如，你经营的是炒股类小程序，那么就可以到“金融”话题中发表炒股的相关知识，并在文中宣传自己的小程序。如图 6－21 是知乎话题广场的主页面。

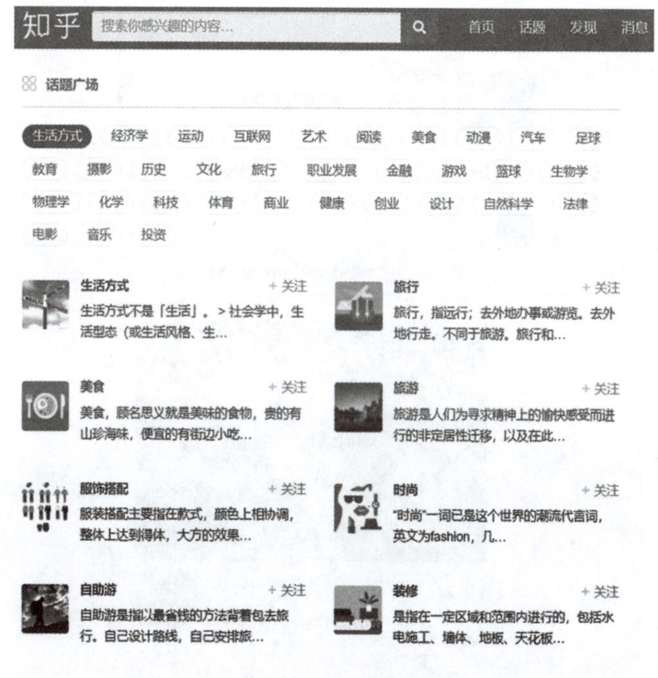

图 6－21

在知乎话题中，每个话题都有大量的问答，新加入知乎的运营者提出的问题或发表的文章很难得到推荐。这时，运营者可以与知乎中的大 V、内行人士、专业评论者合作，请他们回答问题并分享到他们的知乎主页，引导他们的粉丝参与到你的问题和文章中，这样可以有效地让自己的小程序得到推广。

3. 知乎“想法”引流

2017年8月，知乎上线了“想法”功能，用户可以在这里发布图片、文字和链接，而知乎官方也将想法设置为独立的页面。很多人认为，知乎的“想法”栏目，就像是微博和朋友圈，具有了之前问答模式不曾有的强社交功能。如图6-22是知乎“想法”功能的主页面。

图6-22

与微博和朋友圈不同的是，知乎的“想法”更注重的是“创作”功能，而不是简单的“今天吃了啥”“我现在在哪里”“我的心情如何”这样的内容。这样相对优质的栏目平台能够聚集更专注“分享知识”的知乎用户，围绕这样的知友群体，运营者需要及时调整宣传内容，更注重分享知识的比例和质量才能够被用户认可。

曾经有用户对知乎热搜榜进行了调查，发现知乎有20%的内容是热点新闻、名人言论、电影、娱乐节目；40%的内容是容易引发大众好奇的“冷知识”；25%的内容是大众/独特的经验分享；10%的内容是很难做到或不可能发生的脑洞大开类事件；还有5%是其他内容。

根据上述的大致统计，运营者在发布问答、文章和想法时，可以考虑利用占比较高的“冷知识”或热点内容，再搭配自己小程序的简介，相信能够获得更多知乎用户的加入。

6.10 支付引流：深挖移动金融流量

近年来随着人们购物方式的改变，日常的支付方式也随之改变：从最开始的现金支付，变成了现在方便快捷的扫码支付。2019年4月初，支付宝在全国300多个城市开通了刷脸支付，未来用户消费不用带手机即将成为事实。如图6－23为使用支付宝刷脸支付的“支付宝盒F1”消费场景。

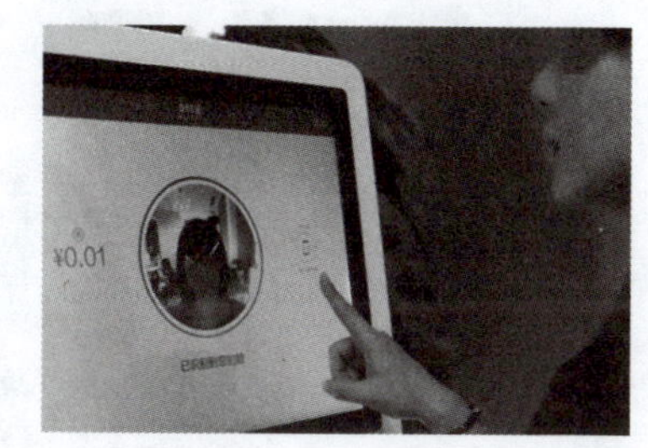

图6－23

根据微信小程序的特点，运营者可以在自己的小程序中添加相关功能，实现支付引流，根据运营者店铺的线上线下分类，分别有不同的引流方案。

1. 纯线上店铺

在微信小程序中，纯线上的店铺进行交易时，交易过程全部在线上完成。这就需要运营者设置相对复杂的促销界面引导用户进行支付。如图6－24是小程序“京东购物”领取优惠券的页面。

淘宝、京东等大型电商就是非常成功的线上支付引流案例，他们通过与各家店铺合作来举办各种线上促销活动，如发放优惠券、限时秒杀活动、摇一摇红包、小程序内置小游戏、团购等。

作为线上小程序的运营者，可以采取的支付引流方式也非常多。例如，组织店铺在节假日的促销活动，然后去微博、QQ、贴吧、论坛等第三方社交网站发帖，也可以与这些平台付费合作，让自己店铺的支付优惠信息以广告的模式让更多潜在用户看到。

2. 线上 + 线下店铺

这种线上 + 线下的店铺，通常不需要运营者设计非常复杂的小程序页面来吸引消费者支付；更需要注重的是用户的线下体验，能够利用小程序引导用户进店消费才是运营者的首要目标。如图 6 - 25 是小程序“功夫会”的主页广告，旨在鼓励线下用户进店购买产品。

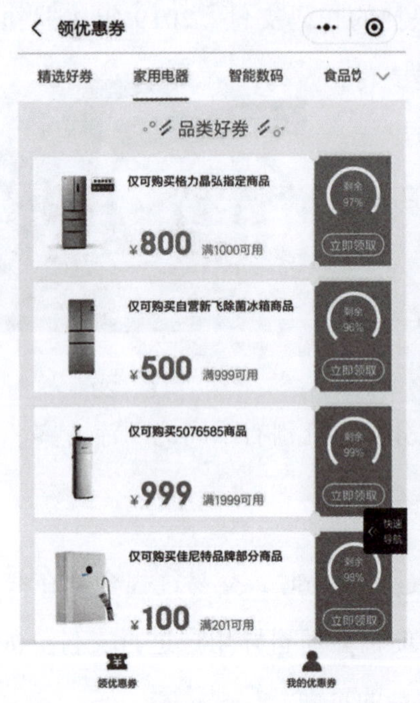

图 6 - 24

图 6 - 25

为了让更多线下用户进店消费，运营者可以采取线上引导的方式。例如发放一些优惠券或折扣券，但是要求用户进店使用；或是采取单品第二个半价、到店领取小礼品、先试用后购买等传统的促销方式。

3. 纯线下店铺

现在有些纯线下店铺没有自己的微信小程序，通常是利用微信委托第三方进行收款。常用的移动支付工具有支付宝、微信支付、网银在线、财付通等，基本上能够覆盖用户的各种日常消费。

使用这些平台时，运营者可以在支付成功页面添加一些促销内容、联系方式、温馨提示等信息，不要因为缺少提示语，导致用户没有任何支付后的成就感，进而降低用户下次消费的可能性。

各种支付引流都是为了让用户获得更好的消费体验，运营者应该从已有的支付环节中思考存在的问题和不足。设计小程序时应尽量使支付流程简化，不要让用户自己输入金额，能用扫码或在线支付解决最好，这样也可以减少用户的焦虑时间，提高交易成功率。

第七章

从搭建到变现，让你的小程序快人一步

7.1 知识付费时代，怎样利用小程序变现

知识付费指的是运营者将知识变成产品或服务，用来实现商业价值。例如知乎 Live、喜马拉雅付费电台、逻辑思维、新世相读书会、腾讯课堂、分答等。

李嘉诚认为，在知识经济的时代，如果你有资金，但缺乏知识，没有最新信息，无论何种行业，你越拼搏，失败的可能越高。但你有知识，没有资金的话，小小的付出都能得到回报，甚至可能达到成功。

现在，越来越多的人都希望快速获取有价值的信息，而公众号、自媒体的信息内容泛滥难以筛选，于是很多人愿意花费更多金钱去获得高质量的信息。

对小程序来说，知识付费是全新的发展机遇，如果运营者能够掌握正确的经营方法，可以在短时间内收获很多愿意为知识付费的高收入用户，迅速实现盈利，如图 7－1 所示。

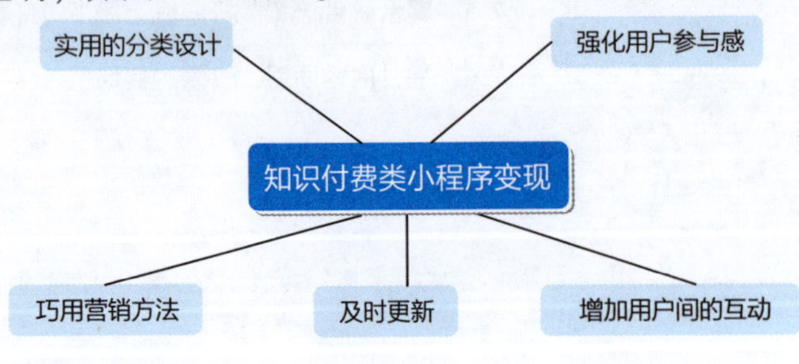

图 7－1

及时更新

现在的社会发展日新月异，分享知识的小程序也需要不断推陈出新，才能紧跟时代的潮流，并利用新颖的知识来吸引用户长期为获取新知识付费。图7-2是小程序“知乎大学”的“前沿”付费栏目，知乎会选择在这个栏目中发表紧跟潮流的课程，如“深度学习”“GDPR”“Python”“跨境电商”等主题。

图7-2

强化用户参与感

很多小程序中的知识课堂本身非常有价值，但是却没有考虑到用户在购买和消费时的感受，导致用户的参与感较低，不愿进行下一次的购买。

在激烈的市场竞争环境下，运营者应该以用户为中心，让用户参与到小程序的商业链环节中，而不是简单地听取用户反馈、回答用户的问题。这样运营者才能从需求端了解用户，再运作小程序产品设计、构思、功能、研发、营销、服务等各个环节。

为了能够让用户主动参与到小程序的建设中，运营者可以在小程序中进行问卷调查、发布投票活动、主动询问用户等，增强用户的参与感。

当然运营者也可以不定期举办线下活动，让开发人员与用户聚集在一起，共同讨论目前小程序存在的问题，以及未来的改进建议。相信通过汇集用户的智慧和体验，运营者一定能够设计出更加人性化的小程序。

实用的分类设计

不同运营者对知识的理解不同，有的人在开发知识付费小程序时，可能想要上传一些耶鲁大学、斯坦福大学、牛津大学等国际名校的公开课，或是翻译后的TED演讲视频，他们希望这些有见解的视频可以赢得用户的青睐。

但是事实上，大部分用户需要的并不是那些十分高深、难以理解的知识，而是能够切实解决目前面临的问题或能够改善自己生活的知识。而且，目前大多数用户更喜欢长期更新的课程视频，而不是短暂的几十分钟的演讲，所以课程分类设计显得尤为重要。

从这个方向出发，运营者就应当在设计小程序时注重分类设计，尽量保证都是用户生活中切实可行、立竿见影的知识。如图7－3是小程序

“喜马拉雅 lite”的分类页面。

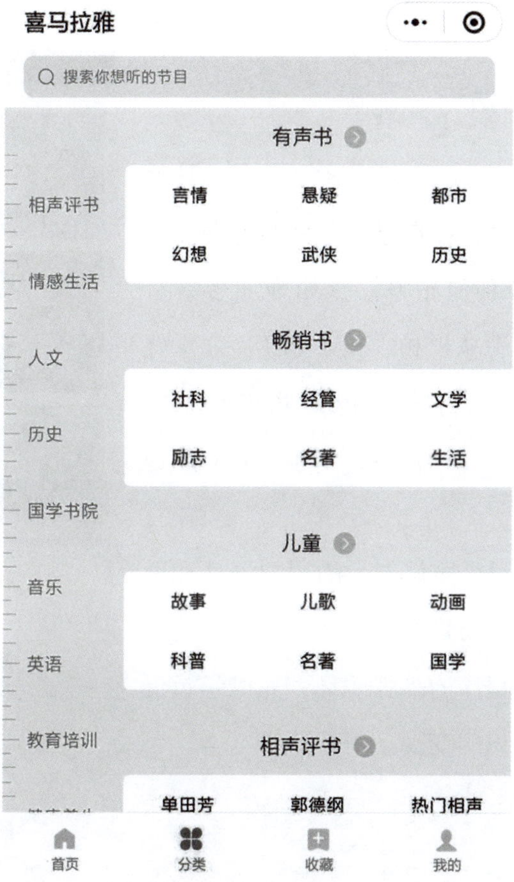

图 7－3

增加用户间的互动

如果运营者只赋予小程序购买、消费的功能，未免会显得像普通的购物商城。而如果运营者能够增加互动功能，就能够在自己的小程序中打造“社群”，让用户可以对自己的课程进行留言，进而达到积累口碑的效果。

除了简单的留言功能，运营者还可以仿照现有社交、购物、美食等其他小程序的案例，增设视频的收藏、戳一戳、喜欢、赞赏等互动功能，进一步增加用户之间的沟通互动。

巧用营销方法

除了以上的方法，运营者还可以参考其他小程序的营销方法，在自己小程序的付费知识内容页面增加各种促销方法，如增加多人拼团、会员体系、满减折扣、买 1 赠 1、分享好友进行砍价、邀请好友获得购物券等。如图 7 - 4是小程序“短书平台”的会员卡开通页面。

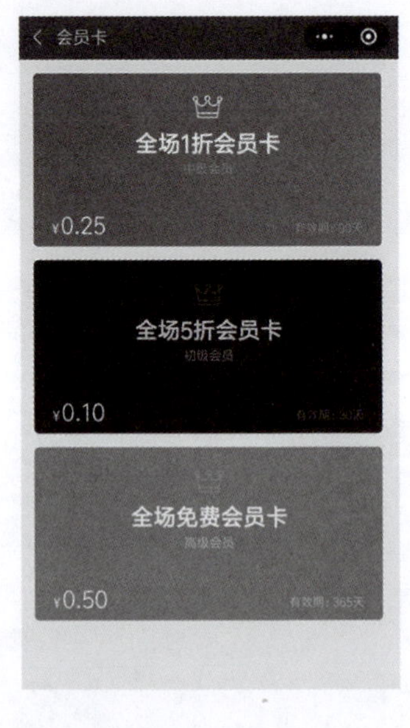

图 7 - 4

相信运营者利用微信庞大的用户群体和后台支撑，再配以高质量的付费知识内容，能够快速形成自己小程序的品牌闭环，完成学员沉淀，真正实现知识的变现。

7.2 申请成为流量主，让小程序稳赚

起初，小程序并没有广告推广功能，很多普通的运营者无法利用自己的小程序获得广告费用，只有大型广告公司会与规模较大的小程序品牌开展合作。但是一个广告从初步有意向到达成合作会耗用很长时间，而且广告公司投放的广告也无法在小程序之间进行跳转，这些问题引起了小程序官方的关注。

2017 年 12 月，微信官方在“成语猜猜看”这款小程序中开始测试

“流量主”功能，并于 2018 年 3 月 29 日宣布开放内测邀请。同年 7 月 9 日，微信全面放开小程序的流量主申请，正式将广告加入小程序体系中。

运营者可以在后台自助申请成为流量主，审核通过后便可以按月获得广告收入。在申请过程中，运营者遵循以下步骤，可以额外增加流量主的收益：

按照规定进行申请

微信官方要求的小程序流量主的开通门槛是：累计独立访问用户不低于 1000 且无严重违规记录。对于这项要求，大多数曾经推广过小程序的运营者都能够达到。目前，很多小程序开发者在达到申请要求后，还会收到微信官方发来的“开通邀请”，如图 7 -5 所示。

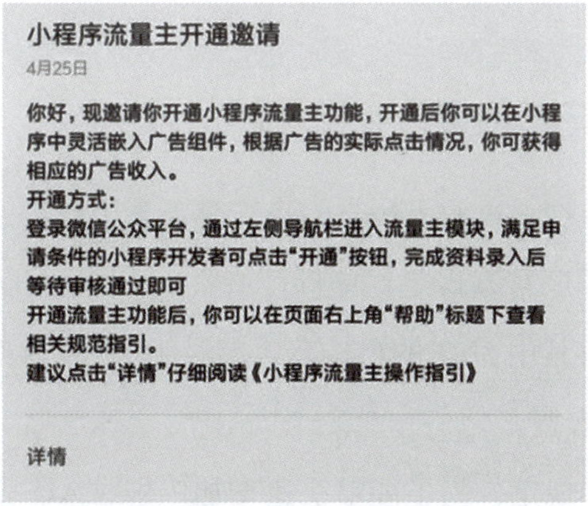

小程序流量主开通邀请

4月25日

你好，现邀请你开通小程序流量主功能，开通后你可以在小程序中灵活嵌入广告组件，根据广告的实际点击情况，你可获得相应的广告收入。
开通方式：
登录微信公众平台，通过左侧导航栏进入流量主模块，满足申请条件的小程序开发者可点击“开通”按钮，完成资料录入后等待审核通过即可
开通流量主功能后，你可以在页面右上角“帮助”标题下查看相关规范指引。
建议点击“详情”仔细阅读《小程序流量主操作指引》

详情

图 7 -5

慎重选择广告大小和位置

为了规范广告的投放，微信官方在 2018 年 7 月 5 日发布了《小程序、小游戏广告应用规范及违规处罚》，主要讲解了小程序中广告的适用场景、优化建议和禁止规则。

当运营者通过流量主的审核后，不要立刻去投放广告追求眼前的收益，而是应该认真阅读微信官方的这条规定，然后结合自己的小程序，在适当的位置添加广告。

例如，官方建议运营者在两条信息流间插入广告，可以尽量减少对用户浏览体验的干扰；以及在游戏排行榜插入广告，增加广告曝光机会等。运营者还要遵守官方规定的广告组件的接口文档和广告等比缩放600px ~ 750px的规则。

此外，运营者还应该遵守规定，不得使用明示、暗示、引导、诱导用户点击“赶快戳开看”类型的广告；不得使用以弹窗消息、站内信等形式发布的广告；不得在单屏内出现多个广告位；不得使用固定时间段自动刷新的广告等。

设法增加用户访问量

流量主的广告收入来源于用户的点击量，为了激励运营者吸引更多用户点击广告，小程序官方规定：单日广告收入10万元以内（含）的小程序，运营者可获得其中50%的广告费，超过10万元的部分，运营者可获得其中30%的广告费。

按照这个分红规定，为了能够快速增加广告收入，迅速将流量主的收益变现，运营者就需要设法增加用户访问量。而根据先前小程序的成功经验，运营者有很多方法可以使用。

最为传统的方式就是二维码海报和微信公众号，此外还可以在前期投入广告费、微信搜索竞价排名、开展优惠活动，或是直接在贴吧、微博、今日头条、朋友圈等自媒体平台发布宣传文章和视频，这些方法都能快速增加小程序的用户数量。

写作推广文案时，运营者需要注意文案的客观性和内容的优质度，找到与自己小程序目标用户具有较高共性的自媒体平台进行发表，这样往往能够收获不错的效果。

流量主变现已经成为现在很多小程序运营者的选择，合理地植入广告实现流量转化为盈利，势必成为小程序未来的重要发展方向。运营者如果充分掌握上述技巧，那么只需连接微信推广的接口，就能获取源源不断的广告收入。

7.3 传统电商机会渺茫，社交电商快速创收

谈起社交电商，很多人会想到微商。事实上，微商就是社交电商的雏形，在2012年就发展到巅峰，而后在2014年开始走下坡路。现在随着小程序的发展，社交电商重新占据了主流的线上购物市场，并逐渐发展延伸出多种模式，运营者可以根据自己小程序的特点进行模式的选择。

分享型社交电商模式

顾名思义，分享型社交电商指的是运营者利用消费者从众、喜欢新鲜事物、爱好炫耀等心理特质，引导用户通过微信与朋友、家人进行分享，最后共同完成购买流程的模式。

这个模式主要有两个分类：一种是拼多多的拼团模式，用户通过和微信好友拼团，共同享受一个更低的购买价格，这个模式没有利益驱动，更容易开展良性互动；另一种是微商的朋友圈推广模式，微商会通过私聊、朋友圈分享等方式向身边的微信好友宣传产品，这种模式容易让对方产生厌恶感，以及因为利益分配不平衡导致的低购买欲。

作为运营者，应该根据自己小程序的定位制定不同的熟人社交电商模

式。例如，经营在线教育、社交平台、影音视听、图书阅读这样的小程序，因为难以覆盖欠发达地区和对价格敏感的用户，可以选择拼团模式；而像洗衣店、餐饮店、超市等线下店铺和进口品牌商品的小程序，就可以选择朋友圈推广的模式。

此外，拼团模式通常需要海量的用户群、庞大且免费的流量池、完善的供应链、雄厚的资金和专业的技术人员，所以在起步阶段运营者，选择朋友圈推广的社交模式往往是更适合的选择。

内容型社交电商模式

内容型社交电商主要通过小程序内容来驱动交易，并根据用户相似的兴趣爱好组建成社群，然后通过运营者和其他用户发表高质量的内容吸引更多对内容感兴趣的用户访问，同时沉淀更多的粉丝，最后引导新用户购买并进一步裂变。

这个模式适用于很多小程序，是最为常见的社交电商模式。因为运营者面对的用户群体都有着相似的标签，所以能够针对用户相似的兴趣爱好和生活场景，有针对性地进行营销，这样用户的忠诚度会更高，购买的意愿也比较强。

利用内容进行营销，对运营者的能力要求很高。运营者不仅要能保持不间断的高质量的内容输出能力，还要保证自己的产品紧跟文章内容和市场潮流，争取将小程序中的产品打造成畅销商品或热点商品。

目前，市场上利用这个模式获得成功的小程序有小红书、蘑菇街等。其中，小红书通过长篇幅的图文分享产品成分、科技含量、体验感受、使用场景等内容，让用户更加直观地了解产品的各个方面，这样比广告的效果更好；蘑菇街则是通过利用专业导购向用户介绍产品的内容来提高双方的信任感，并最终引导用户进行购买。

零售型社交电商模式

零售型社交电商可以理解为运营者利用线下的社交工具和场景进行零售，在这个过程中，零售商的主要任务是构建社交环境，以产品为中心聚集对产品和服务有购买倾向的潜在消费者，而运营者主要利用个人社交圈的人脉与大量个人店主合作，开发线上零售商城，同时拓展新的线上用户。

零售型社交电商模式分为直销和分销两种情况。其中，直销模式指的是线下的运营者经营微店的选品、品控、物流、仓储和售后等服务。有赞、万米、云集微店就是利用巨大的流量、用户、订单数量获得与供应商的话语权，通过低价进行直销。而分销类似于代理商，运营者需要与个人店主进行合作，由个人店主保证产品的供应链和售后等线下服务，自己则只负责线上平台的工作。

从本质来看，零售型社交电商并不是传统的零售平台，而是去中心化的线上零售模式。运营者主要依赖线上商品的分销，同时利用小程序处理订单的高效率，保证整个零售型社交电商品牌实现创收。

无论是哪种社交电商模式，都需要小程序的运营者设计出丰富的社交功能，让自己的小程序拥有社交属性，才能让用户参与到产品和服务的讨论中，同时增加用户的黏性，进而引导用户产生购买意愿，实现快速变现的目标。

7.4 小程序+公众号，打造服务闭环

微信传统的H5商城需要用户访问公众号后再进入商城，过程非常烦

琐，最终能实现购买的用户比例并不多。此外，H5 页面的性能非常不好，用户的体验也很差，导致公众号利用商城变现变得比较困难。小程序问世后，运营者可以将线上商城方便地分享给好友或微信群，而且在线下还能通过 LBS 定位、附近的小程序、扫描小程序码进行访问。

以往商家都会在店铺中张贴微信公众号的二维码，用户扫描后需要先进入公众号，然后按照店家提示打开 H5 网页进行选购。而现在商家只需要张贴小程序二维码，用户扫描后就可以直接选购商品，简化了很多烦琐的步骤，能够有效地提升用户购买的比率。

在微信中，公众号的宣传推广能力依旧不容小觑，运营者如果可以将小程序的便捷用户体验和公众号强大的宣传能力结合，进而形成微信中的服务闭环，就能覆盖更广的用户人群，使变现能力达到最大化。

利用好各自的特点

目前，微信小程序和公众号分别主打开发功能和推送消息，它们在 7 个方面有显著区别：开发语言不同、功能和体验不同、定位不同、实现技术不同、审核机制不同、服务器要求不同、开发成本和周期不同。

相较于微信公众号，小程序在很多方面都有优势：用户体验上，公众号的操作延时较大，而小程序的体验更接近原生 App；功能上，公众号偏向推送信息进行展示和营销，而小程序主要面向产品和服务；用户入口上，公众号的入口太深，被折叠到订阅号中，查找时极为不便，而小程序只需要用户扫描二维码或点击手机桌面图标即可进入；接口上，公众号的接口过少，能够实现的功能有限，而小程序的接口目前已经接近上百个，功能潜力非常强大；运营维护成本上，公众号需要长期维护，运营成本非常高，而小程序在设计完毕后可选择托管式运营，简单方便。

在建设公众号时，运营者应当利用公众号的特点，将其变为展现自己产品优点和推广的平台。而根据小程序的特点，运营者应进行如下设计：增加能够快速解决用户痛点的功能；选取核心功能，保证小程序大小不超过 2M；转变传统的小程序推广思路，使用新颖的营销方案。

整合公众号和小程序的变现方式

无论是使用微信公众号还是小程序，运营者最终的目的就是通过移动互联网让尽可能多的用户进行消费。而为了将公众号和小程序进行整合来实施新的变现策略，运营者需要分别了解目前它们各自的变现方式。

公众号通常有以下 9 种变现方式：流量变现、赞赏/鼓励金变现、电商销售产品、商业广告变现、建立会员体系变现、ID 与大企业合作变现、销售服务、培训/金融变现、分销零售变现。而小程序主要有 4 种变现方式：电商、微信引流、知识付费、打通线上线下。

基于现有的公众号和小程序各自的变现方式，运营者可以通过长期经营微信公众号来培养忠实的粉丝用户，然后引导他们进入自己的小程序来实现用户迁移，最后在小程序中完成未来的交易，将变现的位置转移到小程序中实现整合变现。

相互促进，形成闭环

微信公众号对小程序的发展能够起到很多不同的作用，如提供忠诚和活跃的用户、为用户提供有价值的信息、对用户进行分类管理、成为短信平台、提供多向的交流工具、吸引优质的流量、轻松阅读、进行便捷的市场调查等。

反过来，小程序对公众号也能起到如下作用：将小程序作为公众号的功能延伸，强化公众号的影响力；将小程序打造成公众号提取核心功能后的精简版；利用小程序在微信群中的传播来增强公众号社群的生命力；让小程序进入线下使用场景来提高用户的黏度；让小程序与电商类公众号融合为社交电商。

公众号通过不断发布文章才能让用户具有黏性，所以运营者想要与用户保持互动、让用户到自己的小程序后依旧继续购买，也需要赋予小程序和用户互动的能力。然而，目前很多公众号只是单纯地发布文章，并没有销售渠道或经营电商，其实就是浪费了小程序盈利的机会。

整体来看，微信公众号和小程序并不是非此即彼的关系，双方可以相互作用，从而促进整体的营销效果。所以对于运营者来说，“公众号 + 小程序”的选择是最佳的变现方案，营销效果也要远比单纯经营其中一个强很多。

7.5 聚合碎片流量：打通线上线下“任督二脉”

微信设计小程序的初衷，就是为了连接线上和线下。在线下场景中，用户更加注重使用体验，所以运营者需要根据受众用户的实际情况和消费习惯，设计出能够完美契合线下场景的小程序。

现在所有零售都在向“新零售”的方向转变，运营者可以利用小程序低成本获客的特点，将小程序变为打通线上线下的实用工具，使变现的过程更加高效。

线上引流到线下

运营者可以在小程序或公众号中，展示想要传递的内容、产品的信息、提供的服务，引导用户进入线下店铺进行选购。

此外，运营者还可以开通“附近的小程序”功能，这样很多实体店就可以被附近 5 公里内的用户搜索到。需要注意的是，一个公众号或小程序最多可以添加 10 个地点，运营者可以在不同地区设定位置，这样可以大大增加自己线下店铺的曝光度。

2018 年 10 月 18 日，小程序官方增加了“附近的小程序”类目索引功能，用户可以更加快捷地找到目标小程序，同时距离较远的店铺通过分类也可以被用户检索到，避免了原先的“大杂烩”导致部分小程序排名过于靠后的情况。

因为没有竞价排名，所以“附近的小程序”只会根据距离排序后为用户推送，这对很多线下店铺来说是利好消息，因为各个店铺相当于免费获得了一块 24 小时无间断显示的广告牌，可以将更多附近的线上用户引流到实体店来。

线下触发“即时”服务

在场景化的购物环境下，用户往往更注重个性化体验，特别是线下服务，更容易将消费者带入到场景思维中。不论是产品营销还是使用推广，“体验”是场景环境下消费者最先接触的，也是用户最为关心的，所以线下消费者更需要的是如何将“即时”服务变得越来越简单，而不是商家单纯的价格战。

基于线下用户的这个需求，运营者可以在线下店铺张贴二维码，引导用户通过微信“扫一扫”后进入小程序，然后在小程序中进行即时消费。这样不仅可以让用户免去 App 十分烦琐的下载、安装、注册等环节，而且也能够让运营者的小程序得到有效推广。

利用“黏性”营销

小程序主打“用完即走”的特点，对于运营者来说，用户关闭小程序可能就是服务的终止。而目前通过微信消息的推送功能，小程序每天只能向用户推送几条消息，实际上收效甚微。

事实上，小程序运营者需要组织丰富的营销活动，保持与用户之间拥有足够的“黏性”，才能引导用户下一次访问小程序，并最终让用户养成使用自己小程序的习惯。

目前比较实用的营销方法有很多，例如，线上免费开通会员卡，但需要用户到线下消费才能获得积分；适逢节假日发放优惠券或抵现券，但仅限线下使用；每天提前预约并进店消费的用户享受 9 折优惠等方法，运营者可以根据店铺和产品的实际情况，适当地将这些营销方法组合使用，达到最佳效果。

现在线下还有很多的碎片流量可供整合，根据不完全统计，单是餐饮市场线下流量就是线上的 20 倍左右，所以整合线下线上的市场流量，会形成一个具有很大潜力的创收市场。而小程序的出现，就好比一张线上入场券，可以让线下的运营者拓展更为广阔的市场。

未来的趋势将是每个线下店铺都至少拥有一个自己的小程序，作为运营者，需要做的是利用小程序打通线上线下，争取领先于其他商家，尽早成为当地知名的小程序运营者，让自己的店铺能够吸引更多的消费者。

7.6 提升内容质量，改善购买场景

用户在使用小程序时，希望看到的是优质的产品信息介绍，而不是过剩和无价值的内容。但是现在很多店铺在小程序中出售商品时，依旧只是冷冰冰地在产品名旁边附上一张图片，有的商品甚至连图片都没有。当用户看到这样的产品内容介绍时，往往很难产生购买意向，随即就会选择关

闭这款小程序。

2018年12月7日，微信小程序团队在“闭门沟通会”上表示：“我们会有一个客观的评级机制，希望小程序有质量分级，后续用户的评价也能够提供给小程序质量分。分级高的小程序，广告分成也可以提高一些，有更多的培训资源，以及当他们遇到问题时，有专员第一时间处理。”

无论是用户需求，还是微信官方在未来建立的“质量分级”，都要求运营者必须提高小程序的内容质量，才会有更多用户加入，实现“质量等级”的提高，最终利用高质量的内容创造更多收入。

精心编写文案

根据AIDA营销沟通模型，如果运营者想要提高商品的流量转化，首先要做的第一步就是引起用户关注。而在小程序中，文案往往是映入用户眼帘的第一信息，轻松有趣并且能够让用户产生联想的文案，往往能够迅速抓住用户的注意力。

如图7-6是小程序“每日一淘”精选的商品列表。

在“每日一淘”的商品列表中，官方对所有商品都进行了文案包装。例如，火龙果的文案是“粉艳诱人，甜得像被阳光亲吻过”；蓝莓的文案是“花青素小巨人，爱护眼睛的蓝精灵”；新西兰金果的文案是“新西兰进口，首船鲜货，甜到太平洋”。

这些优秀文案的包装，让用户在浏览时对产品产生美好的联想，进而对小程序售卖的商品产生好感并实施购买行为。

既然文案是消费者决策的重要诱因，运营者应掌握产品文案的写作方法：利用类比法，让用户快速理解、评估产品；利用场景法，让用户了解在什么场景下需要用到这款产品；利用便捷性，让用户认为购买后可以快速、轻松地完成自己设定的目标；利用畅销性，让用户认为身边很多人都在使用这款流行商品；利用身份认同，让用户能够想象出使用产品后自己的变化。

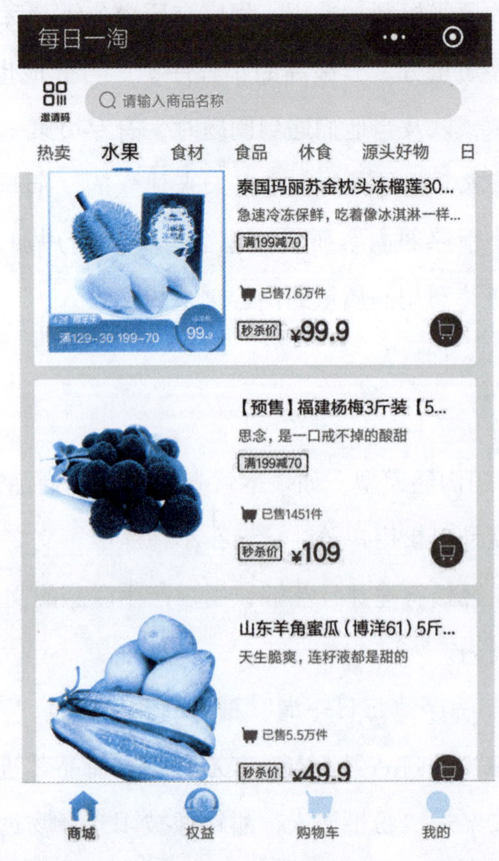

图7-6

利用多样的文案包装，运营者可以戳中用户的痛点，让小程序吸引更多的新用户加入，在积累用户量的同时提升用户的购买转化率，实现文案内容的快速变现。

引入智能AI和大数据分析

《大数据时代》的作者维克托·迈尔·舍恩伯格曾说：“大数据提供

的并不是精确的数据。这份对个人来说没有那么准确的数据，记录的是个体用户的行为轨迹，汇总以后就是用户的心理。”

为了根据用户的喜好设计小程序的内容，运营者可以引入 AI 和大数据，对小程序的后台数据进行分析，洞察并把握住用户的购买规律或习惯，以便推出更为个性化的小程序内容。图 7 -7 是“网易云音乐” App 的“每日推荐”栏目页面，因为特殊原因，网易云音乐无法上架到微信小程序中。

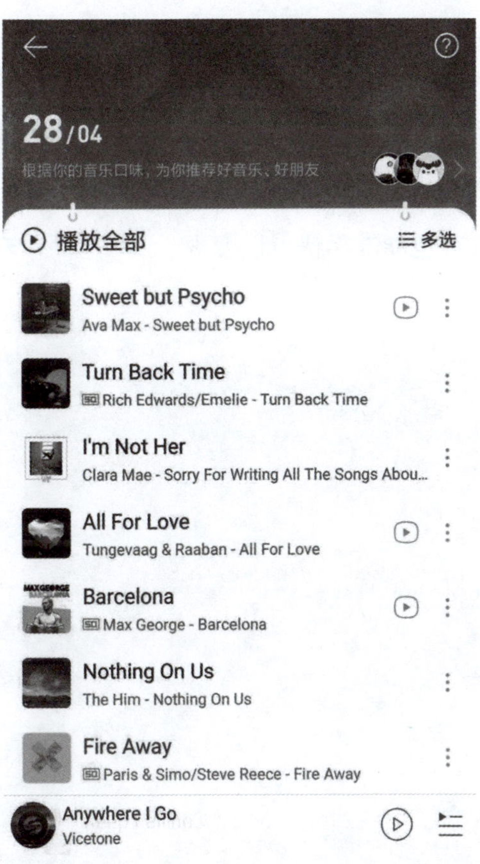

图 7 -7

网易云音乐根据用户的歌单、搜索、关注及本地歌曲等信息，通过AI 和大数据算法分析，能够为用户推荐出符合要求的歌曲。目前，网易云音乐的用户数量已经突破 4 亿，成为很多用户非常喜欢的音乐播放器。

通过网易云音乐成功的经验，运营者可以将自己小程序中的用户按照性别、年龄、购买时间、购买产品类型等数据进行统计，然后利用专业的大数据和 AI 技术分析，得出用户的高峰购买时间段、用户年龄分布图、用户偏爱的产品类型等计算结果，从而根据用户特征有针对性地设计网页内容和产品分类。

利用上述办法，运营者可以根据自己小程序的产品特点，设计出优质的内容和服务体系，改善用户购买场景。争取做到凭借优质的小程序内容去吸引新用户的使用、老用户的再次购买，让小程序的价值得到充分展示，同时小程序内容也能够尽快得以变现。

第八章

揭秘！爆红小程序背后的逻辑

8.1 拼多多：裂变模式的拼团和砍价

8.2 肯德基：实现不排队的点餐

8.3 大众点评：简约而不简单

8.4 同程艺龙酒店预订：推客户端有更高的价值

8.5 每日优鲜：玩转“互联网生鲜”

8.6 小红书：开辟“社交电商”新模式

8.7 小年糕+：做影集就是这么简单

8.8 欢乐斗地主：1.1亿用户的“欢乐时光”

8.1 拼多多：裂变模式的拼团和砍价

2015 年 9 月，拼多多正式上线，半年后就拥有了 2000 万用户，10 个月后用户量突破 1 亿。经过 3 年的发展，拼多多于 2018 年 7 月成功在美股上市，成为一家 GMV 过千亿、拥有 3.44 亿活跃用户和 170 万商家、总市值高达 296 亿美元的上市公司。

拼多多的发展速度如此迅猛，得益于他们创造了全新的“拼团”购物模式，将线上购物转变成一种动态的社交体验。

图 8-1

拼多多的购物模式与淘宝、京东、苏宁易购等传统电商不同，商品销售时分别按照高价单独购买和低价拼团购买进行区分。毫无疑问，几乎所有消费者都会选择更为廉价的团购。如图 8-1 是“拼多多”小程序中某款茶叶的详情页，可以看到单独购买需要

70 元，而通过拼团只需要 26 元。

当用户主动发起拼团时，拼多多会要求用户寻找好友拼团，才能完成交易。这时，用户可以选择面对面扫码拼团、分享到微信好友或微信群来找到拼友。一旦达到拼团人数的要求，商家就会分别发货。如图 8－2 分别为拼多多的拼团邀请页面和分享拼团信息到微信群的效果图。

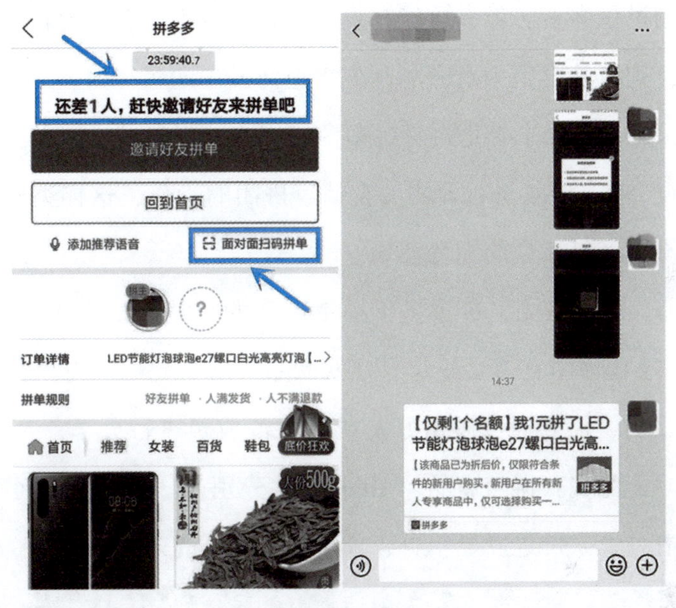

图 8－2

需要注意的是，拼多多规定用户需要在 24 小时内完成拼团方能享受拼团价格，在此期间用户不能取消订单，如果 24 小时后拼团人数不足，款项将自动退回。这实际上就是拼多多拼团模式获得成功的主要原因，他们要求用户限时分享且不能随时退货的政策，促使拼团交易的成功率大大提升，远超其他传统电商。

分享是拼多多拼团模式的核心，也是这种全新社交电商模式的灵魂。在用户将拼团邀请链接发送到微信群时，会让商品反复曝光来增加其他潜在用户对拼多多的品牌认知和功能体验。

对分享者而言，自己既是消费者，又是拼多多的免费推广者。拼团不仅可以为分享者降低购买成本，还能提高自己与微信好友的关系，并营造微信群的团购气氛。

而被分享的用户在收到拼多多团购的信息后，因为分享者是自己的微信好友或是比较亲近的微信群成员，自然也不会对分享内容产生反感。如果从未使用过拼多多，就有可能在收到信息后成为拼多多的新用户；如果是老用户，则可能会因为对商品产生兴趣而发生购买行为。

所以，无论被分享者是否是拼多多的用户，都有可能加入到新一轮的“团购循环”中，继续进行开团、邀请、拼团的操作，这样类似于无限循环的团购模式就是新型的裂变营销。

事实上，除了拼团，拼多多传播更广泛的是其砍价模式。一般来说，“拼多多”小程序中官方会设定有几款产品可以0元购，用户在点击“砍价免费拿”后，需要通过微信好友或微信群成员进行分享，至少需要50多次砍价才能免费获得该商品。如图8－3分别是“拼多多”小程序的砍价商品详情页、砍价进度显示页、分享到微信群的效果页。

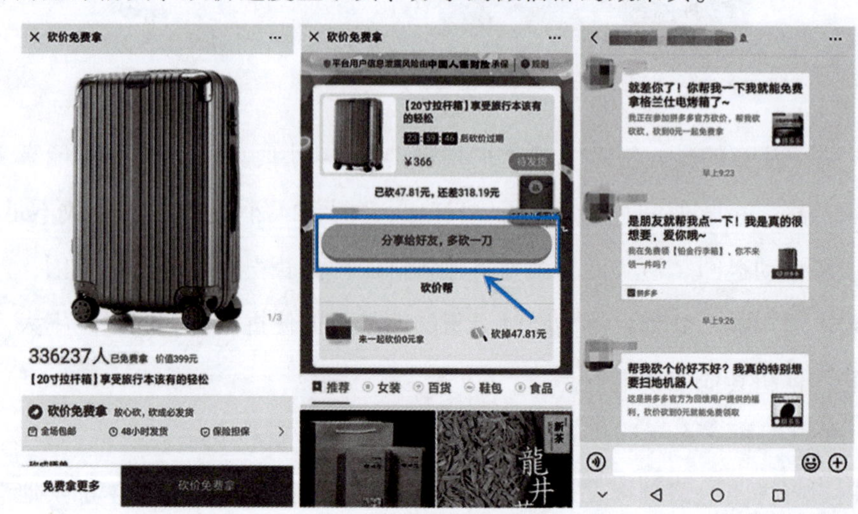

图8－3

拼多多的砍价模式推出后，很多购买者纷纷将砍价链接分享到微信群或是批量转发给好友，一时间很多用户的微信都会被拼多多的广告刷屏。起初，一些用户并不相信世上会有免费拿的商品，但是身边的微信好友砍价到0元后确实免费领到了产品，于是自己也加入了拼多多的砍价人群中，对新的产品进行分享砍价。

在砍价的流程中，拼多多官方规定：砍价活动时间为24小时，过期就需要重新砍价；每名微信用户一天只能砍价3次，同一件商品每个人一天只能砍价1次。这条规定大大增加了砍价的难度，使购买者不得不添加更多的微信好友和微信群、分享更多次的链接才能最终将价格砍下去。

此外，购买者和最初被分享的好友砍价通常可以砍掉较多金额，但是当商品价格接近0元时，其他曾经使用过拼多多的微信用户砍价时通常只能砍几分钱，如果继续寻找老用户砍价，一款300元的商品总共需要邀请600多人才能完成砍价。为了缩短砍价的时间，这时购买者需要寻找从未使用过拼多多的新用户加入，因为新用户砍价可达到10元以上。

拼多多在砍价的时间、人数、新用户等方面的设定，都是为了利用购买者的社交关系进行分享推广。因为购买者无需付出任何金钱，而需要花费大量时间去帮助拼多多进行大范围宣传，甚至不惜动用自己的一切人脉资源，所以砍价模式的本质也属于裂变营销。

官方设定的砍价商品价格通常远低于其他平台，而且还能包邮。商家在进驻“砍价免费拿”项目时，考虑的重点也是拼多多的引流能力。通过设置高于商品数倍的价格并限定砍价时间，拼多多平台和入驻商家都收获了巨大的关注度和流量。同时，购买者没有花费1分钱就买到了商品，这种新颖的裂变营销模式，实现了商家、购买者、拼多多的三赢。

无论是拼团还是砍价模式，拼多多都充分地利用了购买者的分享能力进行免费的品牌推广。而拼多多高水平的成功营销，正是来源于生活中的这些点滴分享。

利用拼团和砍价的思维进行营销时，运营者可以先组建自己的群组，无论是通过线下组建，还是通过线上的裂变活动，初始的种子用户都是非常重要的。其次，运营者在运营过程中要注重用户体验，尽量保证商品的价格更低廉、发货速度更快，以便带来更多的种子用户。最后还需要借助小程序、服务号、公众号来进行包装推广，以便培养用户长期拼团和砍价的消费习惯。

8.2 肯德基：实现不排队的点餐

现在走进很多餐馆，你会发现柜台前排队的顾客很少，而餐厅的工作人员主要负责按照订单显示装盘、叫号，被叫号的顾客则前往柜台自取，整个餐厅都变得秩序井然。这就是近几年兴起的微信小程序带来的改变。

微信小程序非常适合线下餐饮行业使用，再加上微信自带的支付功能，用户从点餐、付款到取餐的整个流程都能在小程序中完成。

肯德基作为百胜旗下的大型连锁餐饮品牌，很早就进驻了微信小程序。现在肯德基小程序几乎覆盖了自身App的所有功能，如餐厅定位、自助点餐、预约送餐、下单支付、订单评价等，这些功能为肯德基的线下店铺带来了更多微信用户。

如图8-4分别是小程序“肯德基+”的主页面、点餐时显示的页面、等待取餐页面。

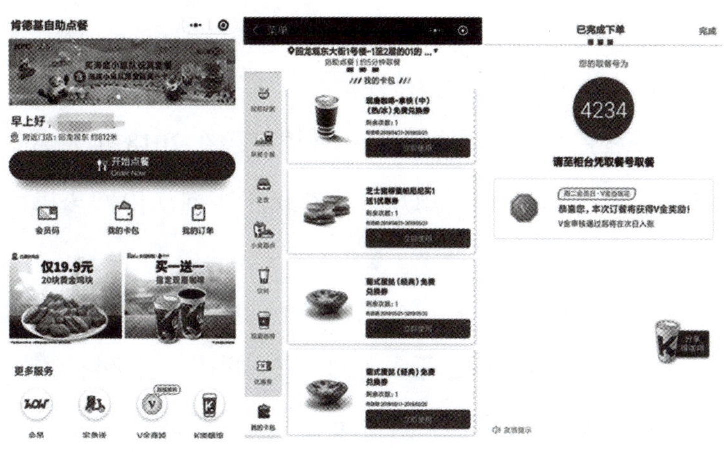

图 8 -4

由于 App 的开发成本太高，普通的餐厅运营者可能会无力承担。而方便快捷的微信小程序点餐方式，让用户减少了排队点餐的时间，知晓了上餐的准确时间，所以减少了他们的焦虑和等待时间，使交易更容易达成。同时商家利用小程序为用户点餐，也能使自己减少配备点餐人员的资金投入。

为了不使自己的小程序因为功能过于聚集导致发生卡顿，肯德基利用微信支持小程序之间跳转的功能，为旗下的会员、宅急送、V 金商城、K 咖啡分别设计了不同的小程序，用户在点击对应的服务后可以选择跳转到相应的小程序。

如图 8 -5 分别是小程序“肯德基会员活动”主页、“肯德基宅急送”

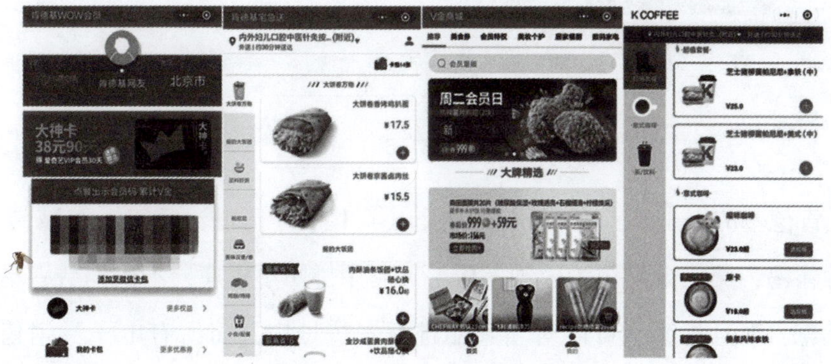

图 8 -5

主页、“V金商城”主页、“肯德基现磨咖啡馆”主页。

利用多个小程序相互跳转的功能，肯德基还在2018年8月6日推出了“肯德基拼一拼”小程序，用户可以在这个小程序中购买电子卡券参与“万人拼团”活动。

消费者组团购买肯德基的产品可以获得不同程度的优惠，根据肯德基的官方公告，活动分为万人拼团、千人拼团、三人拼团，当达到指定的拼团人数后商品价格将会减价到1元。如图8－6是“肯德基拼一拼”小程序页面。

图8－6

肯德基的电子卡券在拼团第一天用了1小时售罄，第二天缩减到10分钟售罄，第三天仅用7分钟就售罄。利用拼团小程序，不仅消费者享受了优惠，而且肯德基可以对新菜品进行宣传推广并将所有电子券销售一空，获得了更多的收入和微信关注度。

肯德基小程序的成功经验告诉我们，线下餐饮行业的小程序不可或缺。小程序可以将线上线下完美结合，用户在线下通过扫描二维码进入小程序，小程序将线下的用户引流到线上。

消费者利用微信小程序点餐后会留下用户信息，运营者可以方便地在后台查询，通过数据分析精准确定用户的口味和喜好，从而可以计算出每日食材的采购量，将食材的采购风险降到最低，也能有针对性地进行下一次促销活动。

一般餐厅通常需要配备 6 ~ 7 名服务人员进行点餐和上餐工作，为餐厅运营者带来了高昂的人力成本。而用户通过微信小程序自助点餐，运营者可以缩减上餐人员和点餐人员的花销。

现在外卖已经成为一种趋势，线上的 O2O 外卖行业被美团外卖、饿了么、百度外卖所垄断，很多餐厅入驻这些平台后虽然带来了不少的额外收入，但是还需要支付高额的平台手续费。

而小程序目前完善的功能完全支持餐饮行业的运营者自己设计出点餐、送餐的系统，然后利用现有的店员自行配送。这样骑手和商家都不需要经过第三方平台，可以节省很多手续费，这可以说是小程序为餐饮外卖行业带来的福利。

总体来看，当运营者在搭建小程序点餐系统时，不仅要深度了解目前消费者的需求，还要考虑消费场景的便捷性，为用户提供更加个性化的服务体验。

8.3 大众点评：简约而不简单

大众点评网在 2004 年成立，经过 10 多年的发展，已经成为一家线上的本地生活信息发布和交易平台。随着移动互联网的发展，大众点评也开发了自己的App以满足各种移动场景需求。

微信小程序问世后，大众点评也迅速上线了自己的小程序，开始在微信使用者中拓展自己的潜在用户。

大众点评的微信小程序分类功能十分完善，在17个大类下还有累计上百个小类，囊括了吃穿住行的各个生活服务领域。无论是刚刚使用大众点评小程序的顾客，还是计划进驻大众点评的商家，都能很快找到店铺的分类定位。如图8-7分别是小程序“大众点评”的主页面、分类上部分和分类下拉部分。

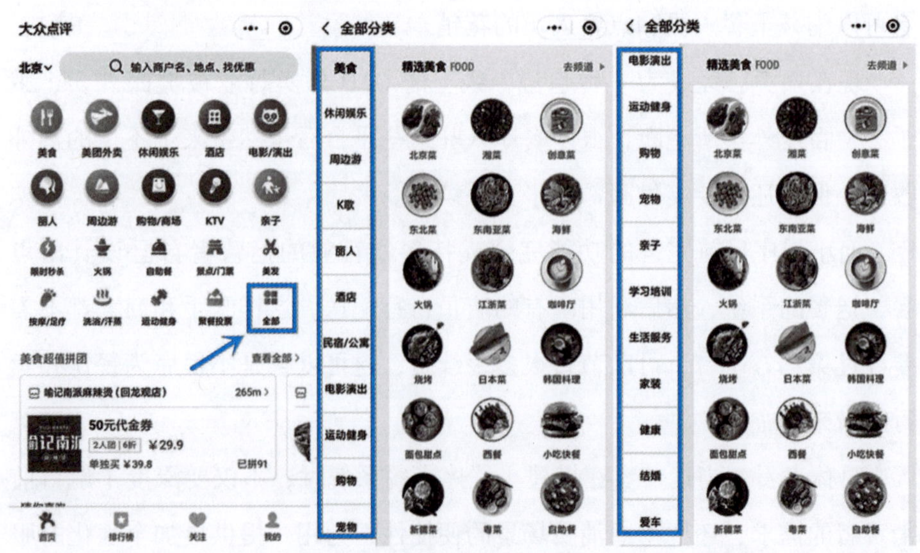

图8-7

在大众点评“首页”栏目旁是“排行榜”栏目，这里会根据用户当前的定位，为用户推荐附近评分高、评论数量多的店铺，这个榜单可以有效地缩短用户的选择时间，同时也使附近的优质商家得到更多的曝光机会。如图8-8是小程序“大众点评”的“排行榜”栏目，用户可以在下方分类中进行筛选。

此外，大众点评还增加了“关注”功能。当用户在浏览店铺评价时，可能会对某位分享美食经历的评论者产生兴趣，这时用户可以进行关注，之后就可以在“关注”栏目中看到他们的评测文章、图片和视频。如图8－9是小程序“大众点评”的“关注”栏目。

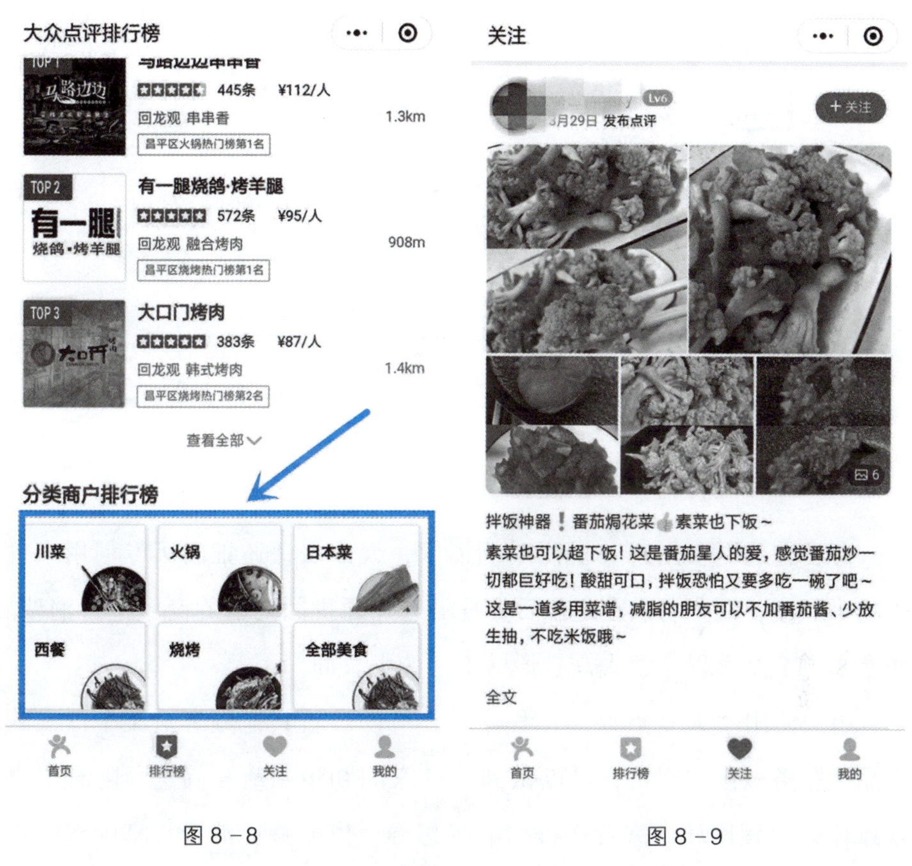

图8－8　　　　图8－9

除了按照分类选择店铺和商品，大众点评还为很多喜欢享受折扣的用户提供了领券的入口，用户可以直接查看附近含有优惠券的店铺和商品，进行选择性消费。如图8－10分别是小程序“大众点评”中“我的”栏目和点击“领券中心”后的页面，用户可以按照分类领取限量的折扣优惠券。

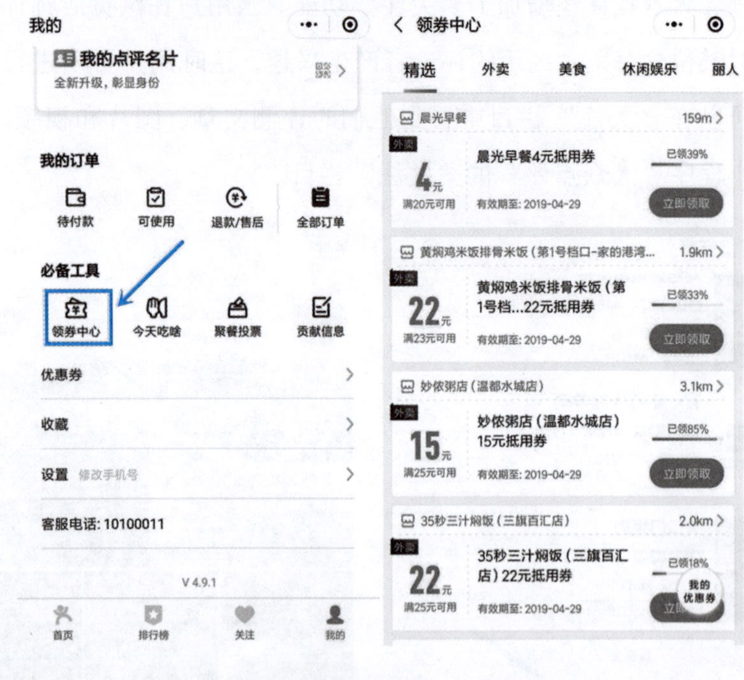

图 8－10

为了满足更多用户“拼团”的需求，大众点评还推出了专门用来拼团的小程序，用户可以在定位后查看附近开通拼团功能的商家进行消费。如图 8－11 是小程序“大众点评拼团”的主页面。

用户使用“大众点评”小程序时，可以查看其他顾客对某个商家的产品和服务做出的评价，可以做到对商家的初步判断和筛选。同时“大众点评”小程序和商家合作推出的优惠券，也能够让消费者享受到比正常进店更低的价格，购买到称心的商品和服务。

运营者使用大众点评可以让自己的店铺在大众点评小程序中得到展示，而且还可以利用这个免费的平台宣传自己的产品优点和服务特色，从而吸引远距离的用户慕名而来。此外，利用商家推出优惠券的方式，也可以招揽到更多潜在的用户进店消费。

今天的大众点评已经不再是单纯的美食点评小程序，新加入的各种

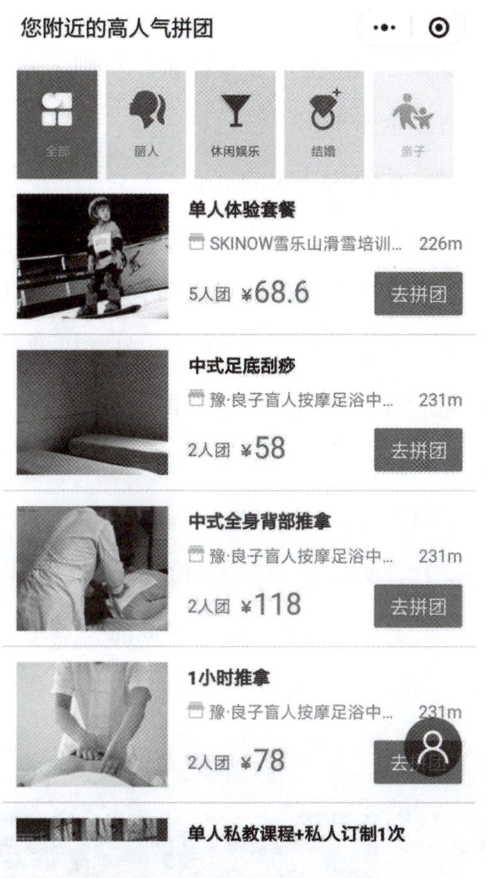

图 8－11

优惠措施和商家功能，让大众点评成为了广度更大的 O2O 小程序，也成为很多线下运营者进驻和学习的平台。

8.4 同程艺龙酒店预订：推客户端有更高的价值

2018 年 9 月 19 日，阿拉丁小程序统计平台更新了微信小程序 Top100 的日榜单，合并仅 9 个月的“同程艺龙”，超过“跳一跳”“欢乐斗地主”等热门小游戏，成为排行榜第 1 名。

几年之前，很多酒店经营推广非常困难，特别依赖在线旅行社招揽顾客。尽管很多大型酒店企业推出了自己的 App，但是普及程度不高，很多住宿过的用户都不愿主动使用店家的 App。

同程艺龙看到了这个商机，2017 年 12 月 9 日合并后将经营重点放在了微信小程序上，依靠微信提供的流量入口，同程艺龙的用户数量和使用排名迅速上升。如今，微信支付主页的“火车票机票”和“酒店”栏目全部委托了同程艺龙运营，当用户点击这两个栏目后，会直接跳转到同程艺龙的小程序中。

在同程艺龙的酒店预订主页上方，同程艺龙添加了类似“拼多多”小程序的优惠广告信息，吸引用户在未订房前长期签到并领取现金红包。如图 8－12 分别是小程序“同程艺龙”主页面、点击页面中部上方广告弹出的“福利中心”页面、点击页面中部下方广告弹出的“助力砍价抵房费”页面。

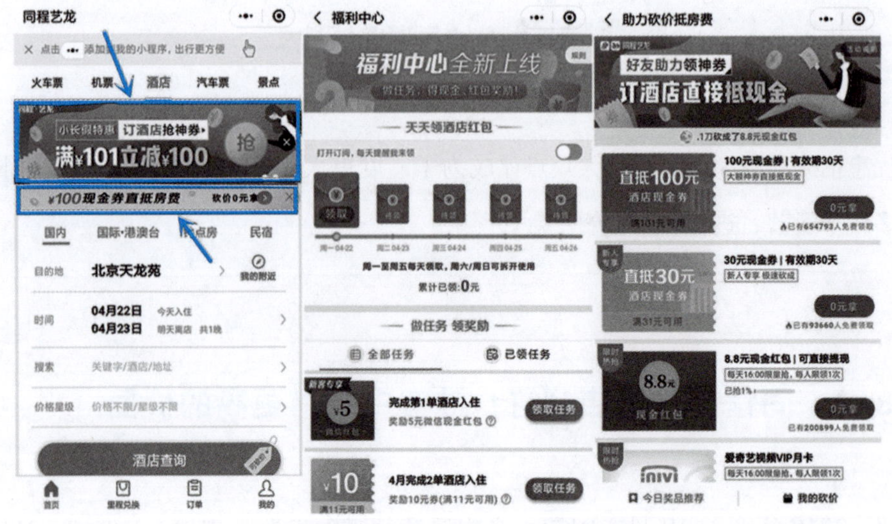

图 8－12

在“同程艺龙”小程序“酒店”栏目下方，运营者还增添了酒店筛选的功能，如特价酒店、经济连锁等，方便用户快速筛选酒店。此外在搜索结果页面，同程艺龙与商家合作，允许用户以更低的砍价价格入住酒店。如图 8－13，分别是用户选择“酒店”主页、“酒店”主页下拉页面、查询酒店结果页面。

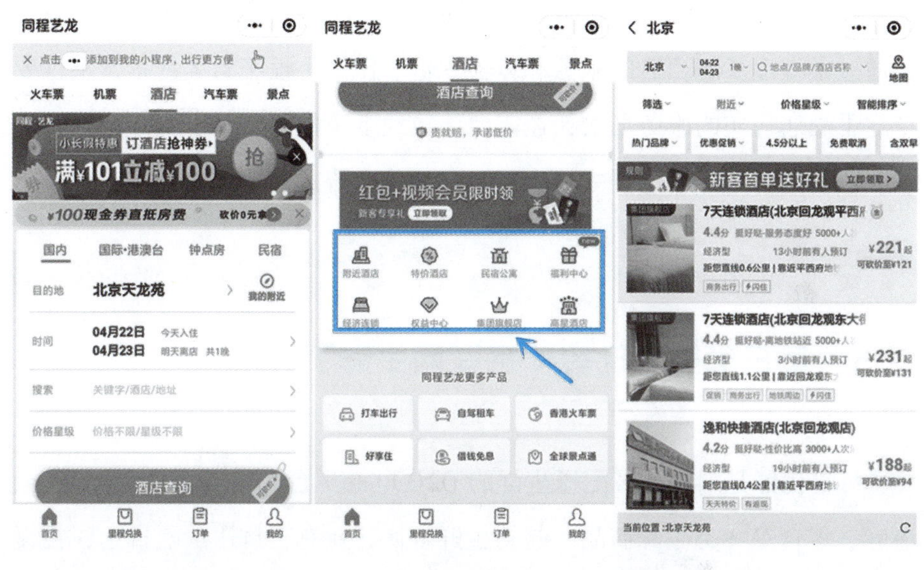

图 8－13

同程艺龙的出现，让商家可以更好地进行订单和用户管理，通过微信平台和同程艺龙的引流，商家也能用更少的成本让更多的线上用户参与预订，实现了 App 从未有过的用户高使用率。

通过同程艺龙提供的展示平台，酒店运营者能够在小程序中展现自己的特点和个性化服务，也能够建立酒店专属的后台数据库来分析用户信息，进行数据分析后得出用户需求的房间类型或改进措施，进而通过改进提升用户的满意度和口碑。

同时，微信用户在享受酒店标准化服务的同时，也能够利用“同程艺龙”小程序享受全新的使用体验。例如，使用签到赠送的红包、酒店预订后砍价、快速筛选特定地图的酒店类型。

通过浏览“同程艺龙”小程序，用户可以查看酒店的外观图、评价、附近设施等基本情况。在预订后，用户可以利用微信支付快速完成交易，避免因为 App 和网页的烦琐操作而错过抢手、优质的房源。

如今同程艺龙已经成为酒店行业的展示窗口，很多用户在到店之前都会通过小程序了解酒店的服务和体验评价。作为小程序的运营者，不仅要专注于酒店现实的服务场景，还需要注重线上小程序的用户服务评价，从企业经营的各个环节出发去解决问题，让线上流量迅速转化为商业价值。

8.5 每日优鲜：玩转“互联网生鲜”

每日优鲜是围绕社区配送生鲜的 O2O 电商平台，覆盖了水果、蔬菜、海鲜、零食等各类生鲜商品。起初生鲜电商产业有三日达、隔日达，慢慢提升到当日达，但每日优鲜通过在大型城市建立“社区配送中心”，利用极速达冷链物流体系，可以让当地用户在 2 小时内收到新鲜的产品。

目前，每日优鲜已经覆盖了全国 30 多个城市，拥有上百万用户，每月订单已经超过 100 万单，月交易额超过 1 亿元，成为生鲜电商行业的领头企业。

如图 8－14 为小程序“每日优鲜”的主页面，在热卖栏目中有限时秒杀、特色专区、新人专享、新鲜水果、时令蔬菜、肉蛋熟食、为你推荐等子栏目。

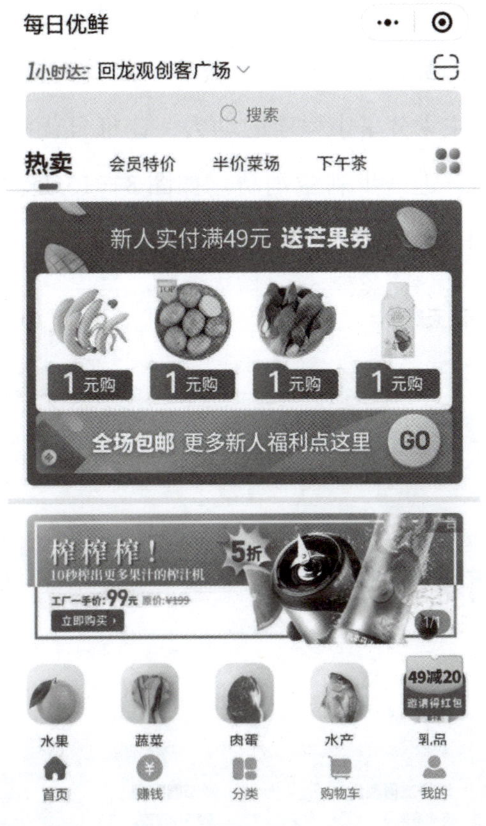

图 8－14

每日优鲜在“首页”和“分类”页面都设置了搜索框。在用户进行搜索时，每日优鲜会显示热门搜索、历史搜索、推荐商品，这样不仅方便用户随时进行搜索，而且还让用户在浏览过程中注意到目前的热门产品和推荐产品，对每日优鲜的去库存、避免生鲜积压起到了很大的帮助作用。

设立“赚钱”项目

为了鼓励用户每日登陆小程序，每日优鲜的运营者设立了“赚钱”栏目，用户通过每日签到、邀请好友签到、做任务等方式，获得能够抵现的“鲜币”。此外“赚钱”栏目中还有“助力免费拿”活动，用户可将 3

款产品分享给微信好友或微信群，得到3～4人助力后就可免费获得商品。

每日优鲜推出的鲜币和“助力免费拿”活动，极大地增强了用户访问的积极性和用户主动分享小程序的动力，让每日优鲜得以在微信好友、微信群中广为传播，进一步刺激消费。如图8-15是“每日优鲜”小程序的“赚钱”栏目。

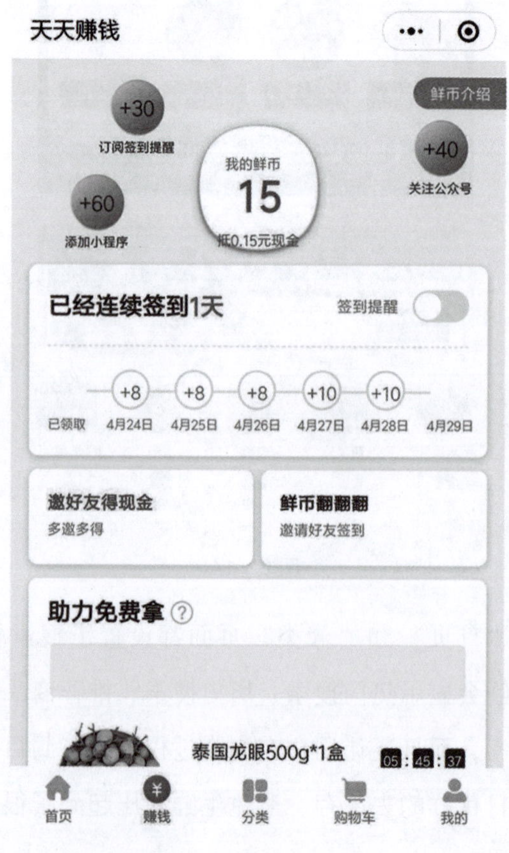

图8-15

“新人专享”

除了“首页”的推荐产品目录，“每日优鲜”小程序还单独设立了“分类”栏目，详细地将所有产品进行分类。在分类中，运营者还特别增加了“新人专享”的产品，新加入每日优鲜的用户只需要花费极低的价格，就能购买到优质的产品。很多新人都会从这里开始购物，进而成为每日优鲜的长期客户。如图 8－16 是“每日优鲜”小程序的“分类”栏目页面。

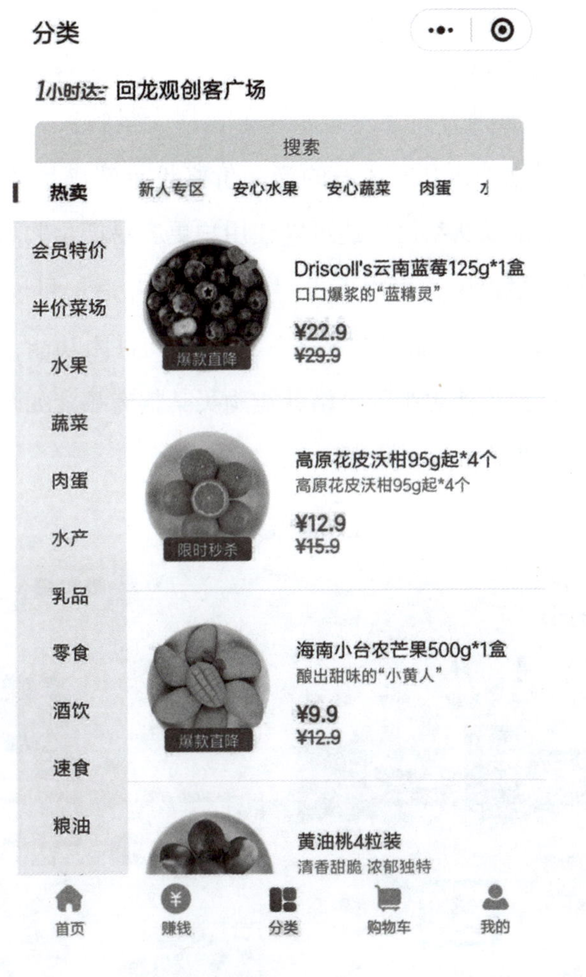

图 8－16

优秀的文案

每日优鲜的运营者可能是受到了小红书的启发，所以产品文案如出一辙，都非常简洁明了且直戳消费者的痛点，同时还拉近了与用户的距离，不会让用户感到任何陌生感。

例如，蓝莓文案“口口爆浆的‘蓝精灵’”；芒果文案“酿出甜味的‘小黄人’”；油菜文案“没错，爱吃油菜的人都很有才”；牛肉文案“细腻柔滑 原生态的味道”；草莓文案“我的少女心是草莓味的”。

“每日优鲜”小程序的定价策略除了包括会员特价、新用户专享、半价菜场等优惠措施外，几乎所有的产品价格设定都满足“尾数定价”策略，即产品价格都以9结尾，这可以让用户更容易产生购买行为。

在“我的”栏目中，用户点击“我的拼团”后，可以打开每日优鲜的“拼团主页”，通过类似“拼多多”小程序的拼团功能，用户可以与其他用户拼团，只需花费更少的价格就能购买某款商品。如图8－17分别是“我的”栏目和“拼团”主页面。

图8－17

为了进一步提高用户黏性，“每日优鲜”小程序还特别增加了会员体系，用户在“我的”栏目中可以付费开通会员。每日优鲜的会员用户可以享有“会员专享价”“超级会员日”“1 小时达”“专属客服”等特权，同时也能够在完成订单后直接获得代金券红包。如图 8－18 是“每日优鲜”的“会员”栏目主页。

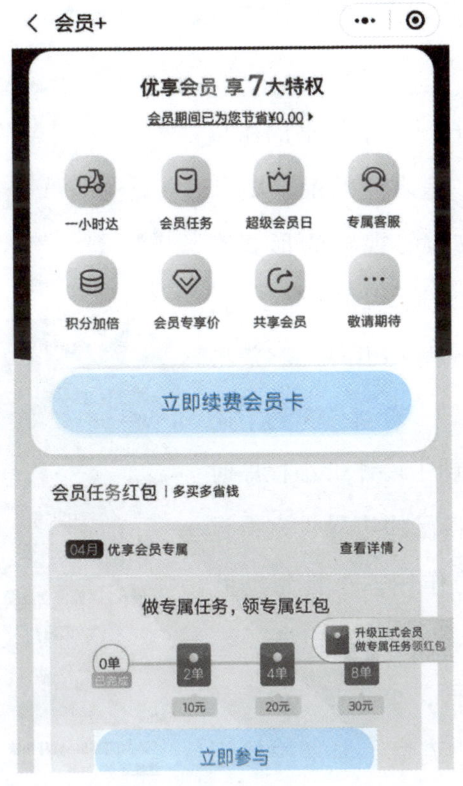

图 8－18

作为成功的生鲜零售商，每日优鲜的小程序功能设计思路和页面布局都非常值得运营者学习。特别是每日优鲜最为核心的会员体系，能够个性化地为会员提供每日更新的特价产品，使新用户向会员的转化率得到巨大提升，并让会员用户感到物超所值。

拼团和微信分享的方式，让每日生鲜的小程序在微信拥有了良好的口碑效应。运营者在发展小程序时，可以学习每日优鲜的口碑宣传方法，为自己的产品树立不可替代的口碑。

8.6 小红书：开辟“社交电商”新模式

2018 年 7 月 16 日，小红书的微信小程序上线，很多追求生活品质的年轻人，以图片、文字、视频的形式在小红书上分享生活点滴。2019 年 2 月，小红书的微信小程序用户量突破 1758 万。

小红书社区经理丁玲评价小程序时说：“我们从不把自己的边界设定得过于清晰。小程序的作用，正是帮助我们拓展用户边界。”

在拓展用户方面，小红书小程序利用微信庞大的用户流量、丰富的使用场景和后台的资源支持，开辟了全新的“社交电商”模式，迅速占领了微信中年轻人的网购市场，如图 8 - 19 是“小红书”小程序主页面。

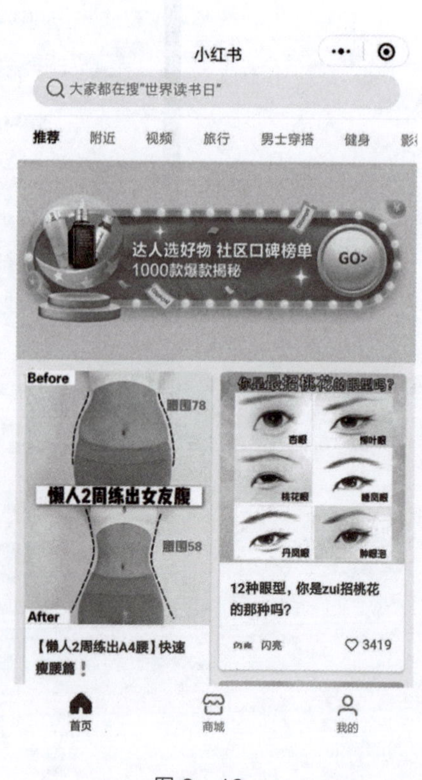

图 8 - 19

丰富的首页类目

在小红书小程序的首页，用户可以浏览官方推荐的笔记，也能够开启定位浏览附近的笔记，而且还可以在视频、旅行、男士穿搭、健身、影视、汽车、数码等20多个类目中自由选择。当用户浏览到喜欢的笔记时，可以通过小红书的分享功能，将笔记分享给微信好友或微信群。

当用户点击小程序首页中部“达人选好物 社区口碑榜单”时，可以跳转到小红书的“福利社自营专场”，那里有很多精选的推荐产品，用户可以按照高端护肤、平价护肤、人气彩妆等分类进行筛选。如图8－20为“小红书”小程序的“福利社自营专场”栏目，用户可以页面中部领取

图8－20

“全员通享券”。

多位明星大牌进驻

小红书的口号是“标记我的生活”，平台定位是“为爱美的女孩提供时尚、美妆和生活方式的相关指南”，所以小红书官方邀请了范冰冰、王子文、林允、杨颖、景甜、张韶涵、戚薇等150多位明星入驻。如图8-21分别是在“小红书”小程序拥有125万粉丝的明星张柏芝的首页、张柏芝宣传某款美容仪发布的笔记详情页。

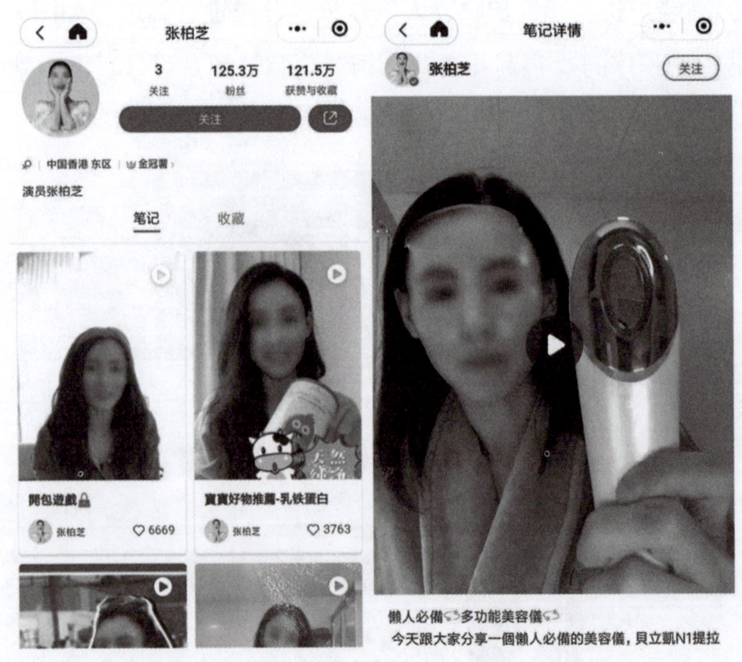

图8-21

这些明星与小红书的平台定位非常协调，促使很多粉丝和用户加入，为小红书带来了大量流量和口碑宣传。所以运营者在进行产品推广时，应该根据行业特点和产品定位，筛选正确的明星、设定恰当的KOL搭配和推广视频的场景等，这样才能最大限度地达到推广的效果。

除了首页利用“明星效应”进行促销推荐，小红书还有自己的在线购物商城。用户可以按照商城自带的分类目录筛选商品，也可直接通过搜索关键字或热门搜索查找商品，还可以参与“限时购”“囤好货”“逛大牌”等促销活动。如图 8－22 分别是“小红书”小程序的“商城”主页、商城分类目录、搜索页面。

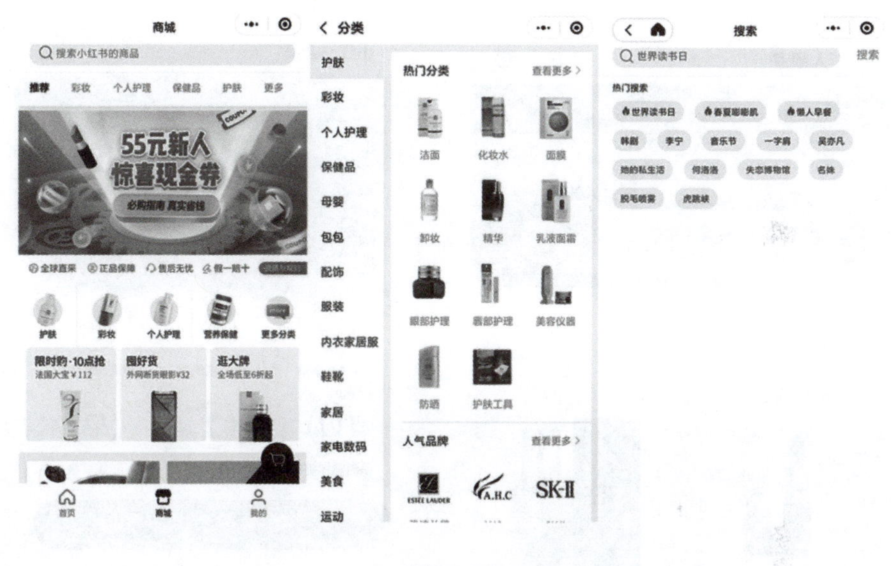

图 8－22

重视新用户体验

值得一提的是，小红书的小程序商城还特别重视新用户的购物体验。当新用户在小程序的商城页面中部点击“55 元信任惊喜现金券”后，可以跳转到“新人频道”，新用户可以获得更多的消费折扣、满减优惠等购物特权。这使新用户可以在小红书中得到良好的购物体验，拉近了平台和用户间的距离。如图 8－23 是小红书的“新人频道”主页。

实用的会员特权

为了进一步提升用户黏性，小红书在小程序还推出了会员体系，当用户加入“小红卡会员”后，可以享受“会员专享价”“无门槛包邮”“跨境商品包税”等多种特权，进而促使用户进行更多的消费。如图8-24是“小红书”小程序的会员体系介绍界面。

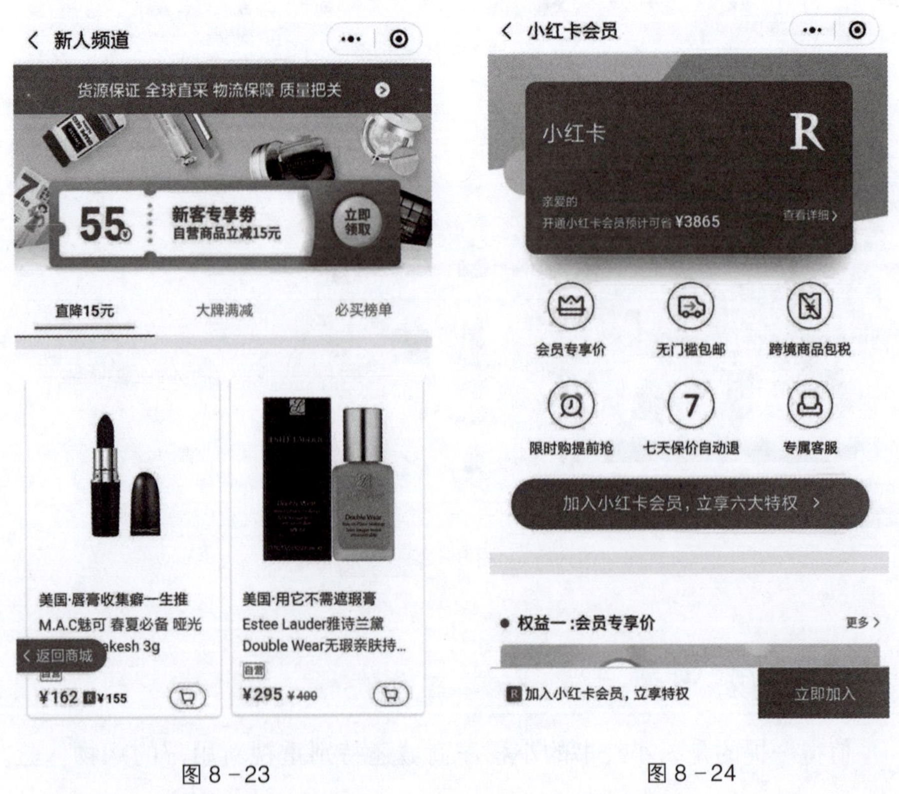

图8-23　　图8-24

小红书不仅克服了传统电商用户红利消失、市场接近饱和、广告营销成本过高的缺点，而且还利用微信小程序的社交功能，使自己的产品能够触达更多的潜在用户，凭借低成本的社交关系裂变营销，获得了很多高质量、高稳定性、高购买频率的用户群体。

在当今传统电商发展举步维艰的时代，小红书全新的“社交电商”模式获得了巨大成功，意味着“社交”属性在小程序中越来越不可或缺。随着微信小程序的进一步发展，运营者也应该在自己的小程序中添加社交功能，方能在小程序市场发展的潮流中占得先机，领先于其他竞争对手。

8.7 小年糕+：做影集就是这么简单

阿拉丁研究院发布的2019微信小程序3月Top100榜单显示，内容资讯类的“小年糕+”荣登榜单第1名，成为微信用户访问量最高的内容类小程序。

市面上曾经有很多制作电子影集的小程序，但是只有“小年糕+”冲出重围，得到了大量用户的认可。根本原因就是“小年糕+”将烦琐的影集制作功能简化，很多刚开始使用的“小白”都能轻松使用。

图8-25

在“小年糕+”的默认主页“发现”中，用户可以在“推荐”栏目看到一些播放量、关注量、评论量很高的优秀影集作品，也可以切换到“开心”“广场舞”“祝福”“健康”“佳作”等其他栏目。

在每个作品的右下角，“小年糕+”官方还设立了“分享”按钮，方便用户一键分享给微信好友或微信群。如图8-25是小程序“小年糕+”

的主页。

快速制作影集

除了浏览高热度的推荐影集，用户也可以切换到“制作影集”栏目，选择“送祝福”“做 MV”“视频剪辑”“做图文”其中之一进行创作。“小年糕 +”官方还很贴心地在“制作影集”页面右上角添加了帮助功能和制作影集的视频教程，需要帮助的用户可以随时查看教程、切换大字体或联系客服。如图 8－26 分别是“小年糕 +”小程序中“制作影集”栏目主页、帮助选项栏、制作影集的视频教程。

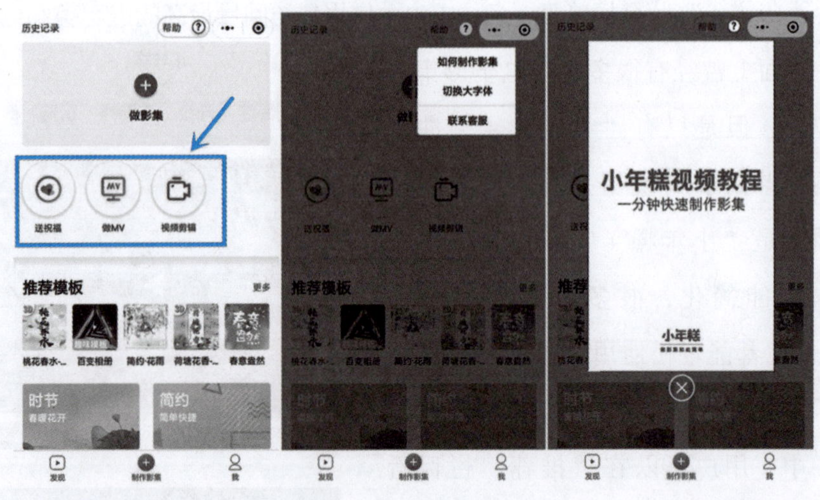

图 8－26

以往用户制作 MV，需要花费大量的时间寻找合适的模板、音乐、字幕，但是“小年糕 +”通过云存储的方式保存了很多现成的素材，让用户可以迅速找到恰当的素材进行 MV 的制作。如图 8－27 是“小年糕 +”制作 MV 的流程图。

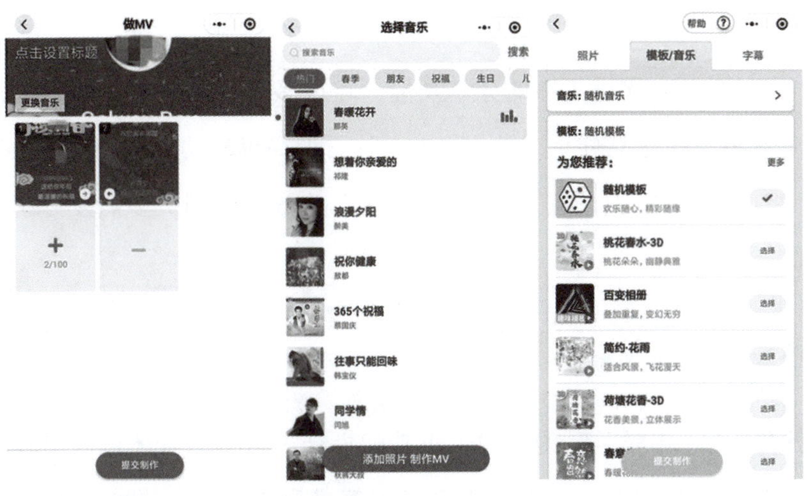

图 8－27

无处不在的“分享”功能

为了让用户完成影集制作后可以更快进行分享，“小年糕＋”官方在所有影集制作完毕后，都会在预览窗口添加“分享”按键，用户点击后就可以分享给微信好友或微信群。如图 8－28 是视频剪辑完成后进行分享的显示页面。

图 8－28

“小年糕 +” 无处不在的分享功能，让很多渴望被认可和赞赏的用户能够直接将影集作品分享给微信好友，这看似简单的功能却能够大大提升“小年糕 +” 的用户体验，使“小年糕 +” 小程序得到更多热爱分享用户的青睐。

完善的选项功能

此外，“小年糕 +” 的用户主页功能设计丰富，而且还可以单独对某个影集作品进行修改、下载、查看详情等多种操作。如图 8 - 29 分别是“小年糕 +” 小程序中用户主页和影集作品编辑选项页面。

图 8 - 29

从“小年糕 +”的设计方式可以看出，运营者应该重视小程序内容和流程的精简，因为“产品功能”和“用户感知”是不同的。

以往各种制作影集的小程序就是因为功能设计过于烦琐，尽管 DIY 功能十分完善，美化编辑功能甚至能够定位到每一张图片，却依旧无法赢得用户的青睐，根本原因就是产品功能过于复杂带来的负面效应，让用户望而却步，不愿将简单地分享影集变为一项制作视频的浩瀚工程。

“小年糕 +”的运营者明白，只将最简单的使用步骤予以保留，这才是用户真正需要的。所以他们并没有走先前影集类小程序的老路，而是将影集的制作流程最大程度地简化，将现成的模板、音乐、字幕呈现到用户眼前，用户只需要上传几张图片并编写标题就能完成创作。

同时，“小年糕 +”官方增加的“在线客服”“帮助”“切换大字体”无疑是最佳的功能设计，能够瞬间让很多中老年用户感受到暖心的尊重和人文关怀。

“小年糕 +”官方将短视频和影集制作相结合的思想，以及他们重视用户体验细节的方法，非常值得运营者学习。只有把握住这些运营过程中的细节，并灵活处理，才能让自己小程序的“产品功能”和“用户感知”相匹配，得到更好的用户体验反馈。

8.8 欢乐斗地主：1.1 亿用户的“欢乐时光”

自从微信小程序开放游戏接口后，越来越多的开发者涌入微信游戏市场。“欢乐斗地主”作为腾讯官方“微信小游戏”推出的小程序，凭借多样的游戏模式吸引了大量的微信用户，使其能够一直保持在微信小程序榜单前 10 名。如图 8 - 30 是“欢乐斗地主”小程序的主页面，红框部分为游戏的主要功能区。

图8－30

好友排名，提供用户可见的目标值

在“欢乐斗地主”左侧的“排行榜”中，用户可以查看自己所在世界榜、地区榜和好友榜的分数排名，而且还可以点击“查看群排行”后选择某个微信群来查看群成员的分数排名。如图8－31是“好友榜”页面。

图8－31

“欢乐斗地主”的“排行榜”功能允许用户查看微信好友和微信群成员的游戏分数，可以为简单的游戏增加竞争的乐趣，让用户产生“超过

××的分数”这样的想法，进而朝着这个目标去冲榜。相比“欢乐斗地主”App的分数排名，“欢乐斗地主”的小程序可以覆盖人数更多的微信用户，可以最大程度地增加用户竞争分数排名的动力和紧迫感。

多样的活动体系

“欢乐斗地主”小程序定位的是微信用户的碎片时间，利用丰富的活动才能让用户养成每天打开小程序的习惯。为此，“欢乐斗地主”官方推出了“免费抽奖”“每日签到”“新人福利”“每日任务”“七日登录礼”等多种活动。如图8-32分别是“欢乐斗地主”小程序的“免费抽奖”和“每日签到”页面。

图8-32

通常手游为了迅速盈利，都会推出很多充值活动，使游戏用户越来越少，普通用户难以立足，最终导致大量用户流失，游戏中只剩下有钱人。而在“欢乐斗地主”中，用户通过“每日签到”等丰富的活动体系，可以在无需充值的情况下通过领取欢乐豆来进行游戏，这样可以有效地避免用户流失。

此外，“欢乐斗地主”官方规定“每局入场消耗欢乐豆”，一方面可以大大提升免费用户的黏性，让其养成每天打开小程序领取欢乐豆的习惯；另一方面也可以利用欢乐豆的回收机制，进一步推动用户进行付费充值，为小程序创造更多利润。

完善的分享功能

“欢乐斗地主”官方增加了“邀请有礼”活动，用户可以通过邀请微信好友中的新用户加入来获得欢乐豆，而且根据好友邀请数量的不同，奖励内容也会逐渐提升，这项功能可以让欢乐斗地主获得更多的新用户加入。

此外，用户在每局斗地主结束后，可以直接点击“分享”按键，将本场游戏的赛况直接分享给微信好友或微信群。如图8－33分别是“欢乐斗地主”小程序的“邀请有礼”和赛况页的“分享”按键。

图8－33

基于微信庞大的信息裂变能力，当用户在微信分享小程序时，会进一步提升“欢乐斗地主”在微信生态圈的互动性和推广能力。

娱乐化的消费场景

在用户的消费过程中，“欢乐斗地主”设立了“首充有礼”和“商城”页面。当新用户进行充值时，只需要调用微信支付消费3元，就可以获得比老用户更多的奖励。而当用户购买商城界面销售的钻石时，根据数额不同也会获得额外的钻石。如图8－34分别是“欢乐斗地主”小程序的“首充有礼”窗口和“商城”页面。

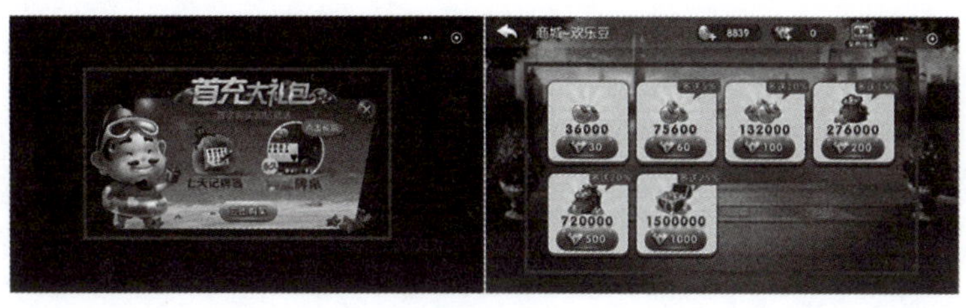

图 8－34

“欢乐斗地主”近乎完美的产品逻辑，使这款游戏无论在吸引用户的时间上，还是强大的盈利能力上，都超过了其他同类的小程序。“欢乐斗地主”的成功，告诉运营者应该重视小程序的界面设计、互动功能、消费场景等方面的细节，同时也需要分析微信用户的心理，争取让自己的小程序能够长期得到用户的喜爱。

图8-34